Metaphysik des Begriffs

Rudolf Gerber

Metaphysik des Begriffs

Begriffe ohne Anschauung sind leer,
Anschauung ohne Begriffe sind blind. I. Kant

Vorwort

Nach allgemeiner Auffassung ist die logische Seite des Begriffs erarbeitet. Dennoch lassen sich etliche metaphysische Gesichtspunkte aufzeigen, die Restprobleme enthalten. Das wird zunächst durch die Abhandlung der Philosophiegeschichte am Problem des Apriorismus und der Logik des Begriffs dargelegt. Als weiteres werden die Strukturen des Begriffs aufzuweisen sein. Zum dritten sollen besonders Begrenzungen durch Paradigmata und Falsifikation zu Worte kommen. Bevor diese Antworten erarbeitet sind,soll eine Einführung des Begriffs erfolgen, wie sie im Wissenschaftstheoretischen Lexikon, 1978 gegeben wurde. Danach sind Begriffe notwendige Bedingungen der Möglichkeit von Erkenntnis, als sie konstitutive Elemente des Urteils bzw. der Aussage. Urteile oder Aussagen aber sind erforderlich, damit überhaupt von Geltungsansprüchen bzw. gültiger Erkenntnis die Rede sein kann. Ohne Begriffe kann es weder Identifikation von etwas als etwas (wozu Subsumtion unter einen Begriff gehört) noch Prädikation (Bestimmung des schon Identifizierten durch Begriffe) noch Systematisierung von Erkenntnissen geben. Ermöglicht wird dies alles dadurch, dass Begriffe erstens allgemein und zweitens in sich strukturiert sind und daher in bestimmten Beziehungen zueinander stehen können. Weil Begriffe allgemein sind, kann ein Einzelding als Fall eines Begriffes begriffen werden, können viele Einzeldinge als unter denselben Begriffen fallend zusammengefasst und als verschiedene Einzelfälle desselben Begriffes unterschieden werden.

Weil Begriffe strukturiert sind, viele Merkmale in sich vereinigen und diese Merkmale entweder ganz oder partiell teilen oder nicht teilen, können sie sich auf verschiende Weisen zueinander verhalten: Dass Begriffe sich wechselseitig ausschließen (schwarz - weiß), macht es möglich, Einzeldinge und Klassen von Einzeldingen zu unterscheiden. Weil Begriffe zueinander in "Kompatibilitätsbeziehung" stehen können wie (schwarz - glatt), lassen sich Einzeldinge in verschiedenen Hinsichten durch miteinander kompatible Begriffe bestimmen. Dass Begriffe untereinander in Einschließungs- (rot - farbig) und Ausschließungsbezeichnungen stehen, bildet den Grund für die Möglichkeit von Systematisierung der Einzelerkenntnisse. Die für die wissenschaftliche Systematisierung der Erfahrung wichtigsten Begriffe sind die klassifikatorischen (Tier, Hund, Katze) die komparativen (größer, schneller) und die quantitativen (Länge, Temperatur) Begriffe.

1. Philosophiegeschichtliche Abhandlung

1.1. Das Problem des Apriorismus (Hartmann Nicolai, Kleinere Schriften Bd.II, 1957² S 48-85)

Jede Verallgemeinerung, und sei es nach bloßer Analogie, ist schon ein Vorgriff, und setzt, wenn sie zutreffen soll, ein "Vorwissen" voraus. Ein Wesen,das solchem Vorwissen nicht mächtig ist, hätte keinen Spielraum für eigenes Tun, es wäre zur Untätigkeit verurteilt. Ein rein aposteriorischen Denken wäre schon im Leben selbst wertlos.

Darüber hinaus gibt es das weite Feld höheren Erkennens, das in einem noch ganz anderem Maße auf Elemente a priori gegründet ist,so bei der Wissenschaft und der Theorie. Das Apriorische ist ein Wesensbestandteil aller und jeder Erkenntnis. Es ist den Sinnen gegenüber das höhere Erkenntniselement, das zwar keine Tatsachen wiedergibt, dafür alles tiefere Eindringen, alles Verstehen und Begreifen zuwege bringt.

Bei den griechischen Philosophen heißt νοειν nicht "Denken", sondern Erkennen, Einsehen, in Fühlung mit der Sache treten. Diese ursprüngliche Bedeutung des Terminus "a priori" steht dem Platonischen "Vorwissen" zwar nahe, darf aber in solcher Allgemeinheit nicht übertragen werden. Die Kantische Philosophie verlegte den apriorischen Gehalt der Erkenntnis in den "Form" -Bestand von Anschauung und Verstand (Begriff); die"materiale" Seite blieb der aposteriorischen Gegebenheit überlassen. Alles Apriorische in der Erkenntnis ist danach als formal, subjektiv und funktional zu verstehen.

Die Phänomenologie versucht dem formalen a priori ein materiales, dem subjektiven ein objektives, dem funktionalen ein gegenständliches entgegenzusetzen. Aber verliert den zentralen Problempunkt von Kant, der objektiven Gültigkeit aus den Augen.

Protagoras lehrte, dass der Mensch mit seinem Dafürhalten das Maß aller Dinge sei. So ist alle Norm, jedes Gesetz, alle Geltung nichts als Menschenwerk und menschliches Ermessen und kann diese jeweils stürzen. Doch nach Platon sind die Normen des Menschenlebens mehr als Menschenwerk. So muss es ein anderes Maß aller Dinge geben, als das der menschlichen Meinung. Um ein solches zu gewinnen, bedarf es der reinen von aller empirischen Gegebenheit unabhängigen Schau der "Idee". (ειδος)

Was Sokarates durch seine "Hinführung" bewirkt hat, blieb das Kernstück der Platonischen Philosophie. Aber das gedanklich zu erfassen und ergründen des Allgemeinen, als Wesen der Sache reichte durch die "Hinführung" nicht aus. Echtes Wissen bedarf der Bewährung der Gültigkeit. Dieser Grundgedanke liegt nicht im Schauen, sondern in der Theorie der αναμνησις (Sichbesinnung).

Zugleich finden wir dieses vieldeutige Bild durch ein eindeutigeres ersetzt, es liegt im αναλαμβανειν, dem "Heraufholen" des verborgenen Wissens aus der Tiefe der Seele. Was aus empirischer Gegebenheit stammt, muss notwendig einer inneren Erkenntnisquelle entnommen sein. Was im Hintergrund der Seele als verborgenes auffindbares "Wissen" gelagert ist tritt als Inbegriff von λογος auf, unter denen der für jeden Fall passende λογος herausgesucht und "zugrunde gelegt" wird. Die λογοι selbst aber werden in diesem Verfahren ebenso wenig hervorgebracht, wie das "Vorwissen"; sie werden vielmehr nur unter dem Gesichtspunkt des Zupassens auf den gegebenen Fall ausgewählt und zugrunde gelegt.
Platon lässt das Apriorische durch den Mythos erklären. Dass die Seele die Ideen nicht von Anbeginn in sich haben,dass sie ihrer im Zustand der Präexistenz allererst ansichtig wird. Im χορος der Götter, gelangt die Seele bis an den Fixsternhimmel,kommt auf seinem Rücken zu stehen, wird von seinem Umschwung erfasst und herumgeführt wobei sie τα εξα του ουρανου zu schauen bekommt. Das Geschaute bringt sie mit, wenn sie zur Erde zurückkehrt, und behält es beim Eintritt in ein neues Erdenleben in sich. Dieses Geschaute ist es, worauf dann im Leben die αναμνησις sie hinführt.
In der Aristotelischen Eidoslehre bestehen die Wesensformen "in" den Dingen, aber die menschliche ψυχη hat diese nach Platonischer Art in sich. Denn dadurch unterscheidet sie sich von der tierischen Seele, dass sie den νους hat. Bei Plotin ist der νους dem Ideenreich gleichgesetzt, an ihm aber hängen die niederen Hypostasen, Seele und Dingsphäre. Beide, Seele und Ding kommen von ihm her und haben die Tendenz zum "Einen" zurückzukehren.
Augustinus spricht vom "unveränderlich Wahren", das der Mensch in sich vorfindet. Er muss die Platonische Einkehr in sich vollziehen: die vornehmste der Entdeckung ist die "Sokratische", dass der intellectus die Gewissheit, die wir vergebens in der Wahrnehmung suchen, in sich selbst findet. Denn dort stößt er auf denselben göttlichen Ursprung, der auch der Ursprung aller Dinge ist.

In der Scholastik zeigt sich der Apriorismus am Universalienstreit, ob die essentia (Wesen) etwas ist was ante res (vor den Dingen), oder in rebus(in den Dingen) besteht oder nur nachträgliches Produkt der Auffassung (des Verstandes) ist, das nur ein sekundäres Sein in mente (im Verstand) haben könnte. Im Nominalismus fehlt gänzlich der Apriorismus des Seins.

Mit der Neubildung der Naturwissenschaft auf mathematischer Grundlage setzte der neuzeitliche Apriorismus wieder ein. Galilei und Kepler lehrten eine Gesetzlichkeit, die ausgehend vom Erfahrenen dieses weit überschreitet.
Descartes sucht das Erkannte mit Unerkanntem zu verbinden durch die "ideae innatae". Gleichzeitig weist er den Dualismus der zwei "Substanzen", cogitatio und extensio auf und trennt Subjekt und Objekt so weit, wie kein anderer Philosoph zuvor.
Spinoza greift das Suchen nach einer Lösung auf mit der absoluten Substanz im Gottesbegriff, darin werden cogitatio und extensio durch die Identität ihrer Prinzipien zu Attributen der Substanz verdrängt.
Bei Leibniz wird die Absolutheit des Apriorismus noch weiter getrieben. Außer den "Monaden" gibt es keine Substanzen in der Welt und es kann eine jede ihre Vorstellung nur aus sich selbst haben, was durch die "prästabilierte Harmonie" geprägt wird. Doch welche Gesetzlichkeit zugrunde liegt wird nicht beantwortet.
Dieser absolute Apriorismus wurde durch Kant auf die sinnliche Gegebenheit als selbständige Erkenntnisquelle eingeschränkt. Doch nicht das empirische Subjekt des Einzelnen gibt den Apriorismus her, sondern das "transzendentale", das eine übergreifende Stellung zum empirischen Subjekt und Objekt einnimmt. Seine objektive Gültigkeit finddet in den synthetischen Urteilen a priori statt. Wichtig ist für die objektive Gültigkeit, dass diese Späre eine übergeordnete ist, deren Prinzipien in erster Linie Weltgesetze sind.
Beim Hegelschen Apriorismus wird durch die "Dialektik" die Identität des philosophischen Denkens mit dem Aufbau der Welt hergestellt.
Das Problem des Apriorismus bleibt bei aller Verschiedenheit der Bilder und Begriffe letztlich das Identische das den Gedanken des transzendenten Bleibenden mit seinem Gegenstand verbindet. Dieses hatte als erster Platon in seiner Rätselhaftigkeit erkannt.

1.2. Die Logik des Begriffs (Hartmann Nicolai, Kleinere Schriften Bd II, 1957², S 100-124)

Hatte Aristoteles eine Logik des Begriffs? Gibt es bei ihm den Begriff des Begriffs? Haben doch die großen Aristoteles-Forscher und Darsteller ihm alle eine Theorie des Begriffs zugeschrieben, weil er der Schöpfer der Logik ist und die Logik mit dem Begriff beginnt. In der Tat definierte er sehr genau was im Urteil Subjekt und Objekt ist. War Aristoteles der erste, der um den Begriff wusste? Berichtet er nicht selbst, dass schon Sokrates mit seiner "hinführenden" Methode das Allgemeine suchte und es zu "definieren" wusste. So gilt wohl Sokrates als der Entdecker des Begriffs. Denn wenn man das Allgemeine definiert bildet man Begriffe.
Doch die Entdeckung des Begriffs gehört nicht den Anfängen der Logik. Gewiss hat Aristoteles in Begriffen gedacht, wusste er aber um die ihnen zukommende Rolle? Begriffe und Denken in Begriffen gibt es schon lange vor dem Aufkommen der Logik, genau so wie es Worte und das Sprechen vor dem Aufkommen der Grammatik gibt. Die Wissenschaft der Logik erfindet nicht den Begriff, Urteil und Schluss, sondern findet sie im lebendigen Denken bereits vor.
Und für Begriffe verwendet Aristoteles verschiedene Termini, was erkennen lässt, dass er den Begriff nicht zu erfassen vermochte. Die beiden wichtigsten Begriffspaare sind γενος und ειδος den lateinischen Begriffen genus und species gleich, aber diese kennzeichnen nicht ob sie logischen oder ontologischen Charakter haben.
Im 19. Jahrhundert wurde es üblich nicht mit "Gattung" und "Art" zu übersetzen, sondern mit dem "Gattungsbegriff" und dem "Artbegriff" und heißen nun "Oberbegriff" und "Unterbegriff" und trifft damit die Entscheidung zugunsten des logischen Charakters.
Bei Aristoteles bezogen sich seine Begriffe auf die Seinsordnung (ον ην ον) was aus seiner Metaphysik zu entnehmen ist. Wollte man genus und species logisch als Abstufungen begrifflicher Allgemeinheit verstehen, so müssten sie gleichwertig sein. Das ειδος aber alleine ist Formprinzip des Seienden das γενος kommt für sich in keinem Seienden vor; es ist inhaltlich seine Materie. Alle individuellen Unterschiede sind "unwesentlich".Hier wurzelt die bekannte Lehre von der Individuation durch die Materie. Duns Scotus hat sie erst überwunden.
Ganz eindeutig in die Sphäre des Logischen gehört alles,was Aristoteles mit den Ausdrücken λογος, ορος und ορισμος umfasst. Aber, nach ihm wird nicht der Begriff definiert, sondern die Sache. Was der ορισμος zum Ausdruck bringt, ist stets unmittelbar das "Wesen" der Sache.

Bei Kant sind die Kategorien "reine Verstandesbegriffe" bei Aristoteles dagegen waren die Kategorien Grundmomente des Seienden - was ja am unmittelbarsten am Beispiel der "Substanz" einleuchtet und die "Prädikate" (κατεγοριαι) sind die Aussagen über Seiendes. So wurde im ausgehenden Mittelalter Begriff und Seinswesenheit miteinander vermengt. Kant hielt grundsätzlich alles Allgemeine, das nicht Urteilsform hat, für einen Begriff. Darum konnten Kategorien für ihn nur Begriffe sein und Raum und Zeit waren für ihn Anschauungen. Auf diesem Hintergrund einer solchen Tradition war keine Klarheit über den Begriff an sich d.h. als spezifisch logisches Gebilde zu haben.

Die geschichtliche Entwicklung führte dahin, dass das Wissen um den Begriff nicht auf einmal sich vollzogen hat und nicht im griechischen Bereich, sondern in der lateinischen Terminologie. Mit dem Begriff notio ist etwas gemeint, was ausschließlich der Gedankensphäre angehört. Zu stark ist in diesem Terminus die Seite des Wissens, der "Kenntnisnahme" und der "Kennzeichnung" betont. Zu wenig Gewicht in ihm ist auf den Inhalt und den inneren Aufbau des Begriffs gelegt. Es fehlt ganz das Platonische Motiv der Zusammenschau und Zusammenfassung in der Einheit.
In der conceptio überwiegt der funktionale Charakter, wie er von Boetius (480-524) angewendet wurde. Im großen Universalienstreit später geht es nicht um den Begriff, sondern um die essentia (Wesen) um forma, genus und species im aristotelischen Sinn. Ob das Allgemeine (universitas) in den Dingen besteht oder jenseits von ihnen ein selbständiges Sein hat oder im Verstand als eine nachträgliche produktio. Thomas von Aquin unterscheidet das bildhafte (phantasma) und die kontrete representatio von gedanklicher Verallgemeinerung in der Abstraktion (abstractio). Aber auf dem eigentlichen Moment des Begriffs liegt kein Gewicht. Auch der im 12. Jahrhundert anbrechende Streit um die Individuation ist dem Problem des Begriffes nicht förderlich. Indem Wilhelm von Occham (1285-1347) genus und species in den menschlichen Intellekt hineinnahm und zu termini secundae intentionalis machte, verlegte er zugleiche alle allgemeinen und prinzipiellen Einsichten in die conceptiones animae.(Begriff)
Der Begriff ist nicht dem Wort (terminus, vox, signum) gleichzusetzen. Petrus Aureolus (+1322) führt die Unterscheidung von conceptio und conceptus endgültig durch. Die Neuzeit hat diese bedeutenden Ansätze übergangen. Die Anschauumg des Nominalismus, dass alles Allgemeine, bloß Begriff ist, setzt sich durch.

Bei Christian Wolff (1679-1754) findet man den Begriff zutreffend von genus und species unterschieden. Zugleich wird die notio unter die Vorstellung(repraesentationes) gerechnet,und damit wird ihr logischer Charakter wieder verwischt.
Der transzendentale Idealismus lässt das Allgemeine und das Gefüge der genera und species auf Seiten des Seienden gänzlich fallen. Man kann das Allgemeine nur noch im Verstand suchen und das Einzelne nur in der Anschauung. Folglich ist alles was nicht Anschauung(Wahrnehmung) ist damit Begriff. Hier liegt der Grund von Kants These, dass die Kategorien Begriffe sind, zwar besondere, nämlich "reine Verstandesbegriffe". Für die Herausarbeitung des logischen Charakters im Wesen des Begriffs war diese Annahme nicht günstig. Zugleich setzte sich die Meinung durch alles Allgemeine müsse ein Begriff sein, und außerhalb des Verstandes gäbe es nur das Einzelne. Das ist eine Auffassung die dem Nominalismus ähnlich ist. Nur ihre Gründe sind anders gelagert.
Auf der Höhe des deutschen Idealismus kommt es zur Umwälzung. Die Vernunft wird zum Prinzip der Welt erhoben und mit der Vernunft wird der Begriff in den Seinsgrund der Welt verlegt. Das systematische Problem des Begriffs wurde durch eine weitere Verkennung des Psychologismus und ihre "neuen" Systeme gänzlich verdrängt. Erst durch diesen Irrweg entstand ein gereifteres Verständnis für das Wesen des Begriffs als Gebilde einer logischen Ebene.
"Begriffe können weder wahr noch falsch, sondern nur angemessen oder unangemessen sein. Sie lassen sich ferner daraufhin beurteilen, ob sie klar oder unklar sind. Wissenschaftliche Begriffe zählen nicht nur zu den wichtigsten Mitteln wissenschaftlicher Erkenntnis, sie sind zugleich auch als Resultat wissenschaftlicher Forschung anzusehen. Wissenschaftlicher Fortschritt kann im Zeichen des Fallibilismus am besten dadurch charakterisiert werden, dass die Wissenschaftler sukzessiv immer treffender und präziser fragen lernen und d. h. immer schärfer und angemessener Begriffe verwenden. Der Klarheit der Begriffe dienen Definition und Begriffsexplikation." (Wissenschaftstheor. Lexikon, 1978)

2. Pragmatische Strukturen des Begriffs(Peirce Charles Sanders, über Zeichen, 1904)
Der höchste Grad an Realität wird durch Zeichen erreicht; d. heißt durch solche Ideen wie Wahrheit und Richtigkeit und das übrige. Ideoscopie besteht in der Beschreibung und Klassifizierung der Ideen, die zur alltäglichen Erfahrung gehören oder natürlicherweise in Verbindung mit dem alltäglichen Leben entstehen, ohne Rücksicht darauf, ob sie gültig oder ungültig sind. Diese werden in drei Klassen eingeteilt. Um ihnen den größtmöglichen Sinn zu geben, der sowohl Ideen als auch Dinge einschließt, und Ideen, die wir zu haben meinen ebenso wie Ideen, die wir wirklich haben, werden diese firstness, secondness und thirdness genannt. Firstness ist der Seinsmodus dessen, das so ist, wie es ist, positiv und ohne Beziehung zu irgendetwas anderem. Secondness ist der Seinsmodus dessen, das so ist, wie es ist, in Beziehung zu einem Zweiten, aber ohne Berücksichtigung eines Dritten. Thirdness ist der Seinsmodus dessen, das so ist, wie es ist, indem es ein Zweites und ein Drittes zueinander in Beziehung setzt.
Diese drei Ideen werden Kategorien genannt. Die typischen Ideen von firstness sind Empfindungsqualitäten oder reine Erscheinungen ohne das was in der Wahrnehmung oder in der Erinnerung damit verbunden sein kann, was aber nicht zu seiner Qualität gehört. Sie können nicht bezweifelt werden, wenn man sie nur als Empfindung betrachtet. z. B. Härte wird als einfache positive Möglichkeit vorgestellt, deren Realisierung einen Körper dazu bringt, wie ein Kieselstein zu sein. Diese Idee von Härte ist eine Firstness-Idee. Der nicht-analysierte Gesamteindruck, der durch irgendeine Mannigfaltigkeit hervorgerufen und nicht als ein aktuales Faktum, sondern einfach als eine Qualität, als einfache positive Möglichkeit der Erscheinung gedacht wird, ist eine Firstness-Idee. Es ist die Idee des gegenwärtigen Augenblicks, der, ob er existiert oder nicht, natürlich als Zeitpunkt gedacht wird, in dem weder das Denken Raum hat, noch irgendein Detail unterschieden werden kann.
Der Typus einer Secondness-Idee ist die Erfahrung der Anstrengung, die frei von der Idee eines Zweckes ist. Man könnte sagen, dass es keine solche Erfahrung gibt, dass immer ein Zweck sichtbar ist, solange eine Anstrengung erkannt wird. Die Erfahrung der Anstrengung kann nicht ohne die Erfahrung des Widerstandes bestehen. Anstrengung ist nur Anstrengung kraft ihres Entgegengesetzt-Seins und kein drittes Element tritt hinzu. Von der Erfahrung nicht von der Empfindung der Anstrengung wird gesprochen. Allgemein gesprochen, besteht ursprüngliche Secondness darin, dass ein Ding auf ein anderes wirkt, - als rohe Wirkung bezeichnet.

Sobald die Idee irgendeines Gesetzes oder der Vernunft hinzutritt besteht Thirdness. Wenn ein Stein zu Boden fällt, so bewirkt nicht das Gravitationsgesetz, dass er fällt. Das Gravitationsgesetz ist er oberste Richter, der bis zum jüngsten Gericht das Gesetz verkünden mag, doch wenn nicht der starke Arm des Gesetzes, die Polizeigewalt, dem Gesetz Wirkung verleiht, führt es zu nichts. Das tatsächliche Fallen des Steines ist in diesem Augenblick allein die Angelegenheit des Steines und der Erde. Dies ist ein Beispiel von Gegenwirkung. So ist also das Existenz, was der Seinsmodus dessen ist, das auf andere Dinge wirkt. Aber es gibt auch Wirkung ohne Gegenwirkung. Derart ist die Wirkung des Vorhergehenden auf das Nachfolgende.
Die Beziehung zwischen dem Vorhergehenden und dem Nachfolgenden besteht darin, dass das Vorhergehende für das Nachfolgende determiniert und fixiert ist und das Nachfolgende für das Vorhergehende nicht determiniert ist. Aber Nichtdeterminiertheit gehört nur zu Ideen; das Existierende ist in jeder Beziehung determiniert; und gerade darin besteht das Gesetz von der Verursachung. Wenn man irgendeine gewöhnliche triadische Relation nimmt, wird sie immer ein geistiges Element darin finden. Rohe Wirkung ist Secondness, jedes Geistige involviert Thirdness.

Ein Zeichen vermittelt zwischen dem interpretierenden Zeichen und seinem Objekt. Nimmt man Zeichen im weitesten Sinne des Wortes, ist sein Interpretant nicht notwendig ein Zeichen. Jeder Begriff ist natürlich ein Zeichen. Was ist also die essentielle Differenz zwischen einem Zeichen, das einem Verstand übermittelt wird und einem, das nicht so übermittelt wird? Es scheint so zu sein, dass die essentielle Funktion eines Zeichens darin besteht, unwirksame Relationen wirksam zu machen, -das heißt nicht, sie in Aktion zu setzen, aber eine Gewohnheit oder allgemeine Regel aufzustellen, aufgrund derer sie bei Gelegenheit wirken werden. Ein Zeichen ist etwas, bei dessen Kenntnis wir etwas mehr wissen. Ein Zeichen ist deshalb ein Objekt, das auf der einen Seite mit seinem Objekt in Beziehung steht und auf der anderen Seite mit einem Interpretanten, derart, dass es den Interpretanten mit dem Objekt in eine Beziehung bringt, die seiner eigenen Beziehung zu dem Objekt entspricht.
Ein Zeichen hat zwei Objekte, sein Objekt, wie es repräsentiert wird und sein Objekt an sich. Es hat auch drei Interpretanten, seinen Interpretanten, wie er repräsentiert wird oder verstanden werden soll, seinen Interpretanten, wie er erzeugt wird und seinen Interpretanten an sich.

An sich ist ein Zeichen entweder von der Natur einer Erscheinung, dann nennt man es ein quali(qualität)- Zeichen, oder zweitens ist es ein individuelles Objekt oder Ereignis, dann ist es ein sin (singulär)- Zeichen oder drittens ist es von der Natur eines allgemeinen Typs,dann ist es ein legi-(Wort) Zeichen. Der Unterschied zwischen einem legi- Zeichen und einem quali- Zeichen, die beide kein individuelles Ding sind, besteht darin dass ein legi- Zeichen eine definite Identität besitzt, obwohl es gewöhnlich eine große Verschiedenheit von Erscheinungen zulässt. Daher sind &, und, und der Laut alle ein Wort. Das quali- Zeichen andererseits besitzt keine Identität. Es ist die reine Qualität einer Erscheinung und ist nicht genau dasselbe in einer zweiten. Anstelle der Identität hat es große Ähnlichkeit und kann nicht sehr differieren, ohne dann ein anderes quali- Zeichen genannt zu werden.

Angesichts ihrer Beziehungen zu ihren dynamischen Objekten werden diese in icons, idices und symbole eingeteilt. Ein icon wird als ein Zeichen definiert, das durch sein dynamisches Objekt aufgrund seiner eigenen inneren Natur determiniert ist. So wird jedes quali- Zeichen, eine Vision oder das Gefühl, das durch ein Musikstück erregt wird, wie etwas betrachtet, das das repräsentiert, was der Komponist beabsichtigte. So könnte ein sin- Zeichen z. B. ein individuelles Diagramm sein, d. h. eine Kurve der Fehler-Verteilung. Ein Index wird definiert als ein Zeichen, das durch sein dynamisches Objekt determiniert wird, weil es in einer realen Beziehung zu ihm steht.Solcherart ist ein Eigenname (ein legi- Zeichen), solcherart ist das Auftreten eines Symptoms eine Krankheit. (Das Symptom selbst ist ein legi- Zeichen, ein genereller Typus mit definitem Charakter.Das Auftreten in einem besonderen Fall ist ein sin- Zeichen). Das Symbol wird definiert als ein Zeichen, das durch sein dynamisches Objekt nur insofern determiniert ist, dass es so interpretiert ist. Es hängt also entweder von einer Konvention, einer Gewohnheit oder einer natürlichen Disposition seines Interpretanten oder Interpretantenfeldes (dessen Determination der Interpretant ist) ab. Jedes Symbol ist notwendig ein legi- Zeichen; denn es ist ungenau, eine Replika eines legi- Zeichens ein Symbol zu nennen. Angesichts seines unmittelbaren Objektes kann ein Zeichen entweder ein Zeichen einer Qualität, eines Seienden oder eines Gesetzes sein.

Angesichts seiner Beziehung zu seinem bezeichneten Interpretanten ist ein Zeichen entweder ein rhema (Begriff), ein dicent (Satz) oder ein Argument (Urteil). Ein Begriff ist einfach ein Klassen - Name oder ein Eigennahme. Ein dicent ist keine Behauptung, aber ein Zeichen, das der Behauptung fähig ist. Doch eine Behauptung ist ein dicent. Ein rhema (Begriff) wird definiert als ein Zeichen, das in seinem bezeichneten Interpretanten so repräsentiert wird, als ob es eine Eigenschaft oder ein Merkmal wäre (oder als ob es so sei).

Ein Zeichen kann auf drei Arten auf seinen dynamischen Interpretanten wirken:
1. Ein Argument kann seinem Interpretanten nur unterbreitet werden wie etwas, dessen Venunftgemäßheit erkannt wird.
2. Ein Argument oder dicent kann seinem Interpretanten nur vorgebracht werden durch einen Akt der Beharrlichkeit.
3. Ein Argument und dicent kann, und ein rhema kann nur dem Interpretanten aufgrund von Kontemplation präsentiert werden.

Schließlich werden Zeichen in ihrer Beziehung zu ihrem unmittelbaren Interpretanten in drei folgenen Klassen eingeteilt:
1. Die, welche in Gedanken oder in anderen Zeichen der gleichen Art in infiniten Serien interpretierbar sind.
2. Die, welche in aktualen Erfahrungen interpretierbar sind.
3. Die, welche in Empfindungsqualitäten oder Erscheinungen interprebar sind.

Zehn Hauptklassen von Zeichen gibt es:
1. quali- Zeichen
2. iconische sin- Zeichen
3. iconische legi- Zeichen
4. vestiges (Merkmale) oder rhematisch-indexikalische sin- Zeichen
5. Eigennamen oder rhematisch-indexikalische legi- Zeichen
6. rhematische Symbole
7. dicentische sin- Zeichen (z. B. ein Portrait mit einer Beschreibung)
8. dicentisch-indexikalische legi- Zeichen
9. Sätze oder dicentische Symbole
10. Argumente.

3. Moderne Theorien des Begriffs

Zur Einführung

Wohl nur einem Fachgelehrten ist es möglich moderne Theorien über den Begriff umfassend zu bearbeiten. Dennoch sollen Probleme aufgezeigt werden die von bekannten Wissenschaftlern beschrieben wurden. Mit den logischen Untersuchungen über das Denken von Gottlob Frege wird begonnen. Danach folgt eine logisch - philosophische Abhandlung von Ludwig Wittgenstein aus dem Tractatus logico - philosophicus.

Als weiteres werden verschiedene Deutungsversuche, so von Theodor Litt, Martin Heidegger, Kuno Lorenz und Karl - Otto Apel in Kürze wiedergegeben, sodass das umfassende Theorie-Spektrum verschiedener Ansätze sichtbar wir.

Zwei philosophische Lösungsversuche des Apriorismus im Problembewusstsein und Erkenntnisprogress werden von Nicolai Hartmann angeboten und von Wolfgang Stegmüller eine Strukturalistische Theorie. Danach kommt das Logische im Erkenntnisproblem von Nicolai Hartmann zu Wort.

Dieser sehr begrenzten Auswahl stehen die revolutionären Herausforderungen der Theorie des Paradigmas von Thomas S. Kuhn und die Falsifikationstheorie von Karl R. Popper als "Abgrenzungsansätze" gegenüber. Die Paradigmatheorie von K.Kuhn wird aus dem Beitrag von Hans Küng, Theologie im Umbruch, erläutert und von Wolfgang Stegmüllers, Theorie und Erfahrung, durch das Wissenschaftskonzept von T. S. Kuhn ergänzt. Die Falsifikationstheorie von Karl Popper wird aus dem Beitrag, Logik der Forschung, entnommen.

Zuerst steht die Bearbeitung der modernen Theorien noch aus sowie die genannten Lösungsversuche des Problembewusstseins und des Erkenntnisprogresses. Erst dann wird sichtbar wie sehr sich sowohl die revolutionäre Paradigmatheorie, wie auch die Falsifikationstheorie grundsätzlich von den modernen Theorien abheben.

3.1. Logische Untersuchungen (Frege Gottlob, Der Gedanke,~1900/1966)

Gottlob Frege(1848-1925) versucht die Formalsprache des reinen Denkens zu interpretieren.Dabei stellt er die Frage. Wodurch unterscheiden sich die Vorstellungen von den Dingen der Außenwelt? Dabei macht er folgende Feststellung. Vorstellungen können nicht wahrgenommen werden weder gesehen oder getastet, gerochen noch geschmeckt noch gehört werden. Vorstellungen hat man als Empfindung, Gefühle, Stimmungen, Neigungen, Wünsche. Eine Vorstellung, die man hat, gehört zu dem Inhalt seines Bewusstseins.
Ein weiteres:Eine Empfindung ist nicht ohne einen Empfindenden möglich. Vorstellungen benötigen einen Träger. Die Dinge der Außenwelt sind im Vergleich damit selbständig. Jede Vorstellung hat nur einen Träger; nicht zwei Menschen haben dieselbe Vorstellung.
Es stellt sich die Frage: Ist der Gedanke eine Vorstellung? Wenn der Gedanke ebenso von anderen wie von mir als wahr erkannt werden kann, dann gehört er nicht zum Inhalt meines Bewusstseins, dann bin ich nicht sein Träger. Die Gedanken sind weder Dinge der Außenwelt noch Vorstellungen, denn sonst wären es nur meine Vorstellungen. Anerkannt werden muss. Was zum Gedanken gehört, stimmt mit den Vorstellungen darin überein, dass sie nicht mit den Sinnen wahrgenommen werden können, mit den Dingen aber darin, dass es keines Trägers bedarf, zu dessen Bewusstseinsinhalt es gehört.

Nicht alles ist Vorstellung. So kann ich denn auch den Gedanken als unabhängig von mir anerkennen, den auch andere Menschen ebenso wie ich fassen können. Ich kann eine Wissenschaft anerkennen, an der viele sich forschend betätigen können. Wir sind nicht Träger der Gedanken, wie wir Träger unserer Vorstellungen sind. Wir haben einen Gedanken nicht, wie wir einen Sinneseindruck haben; wir sehen aber auch einen Gedanken nicht, wie wir etwa einen Stern sehen. Darum ist es anzuraten, hier einen besonderen Ausdruck zu wählen, und als solcher bietet sich uns das Wort “fassen” dar.

Dem Fassen der Gedanken muss ein besonderes geistiges Vermögen, die Denkkraft entsprechen. Beim Denken erzeugen wir nicht die Gedanken, sondern wir fassen sie. Denn das, was ich Gedanken genannt habe, steht ja im engsten Zusammenhang mit der Wahrheit. Was ich als wahr anerkenne, von dem urteile ich, dass es wahr sei ganz unabhängig von meiner Anerkennung seiner Wahrheit, auch unabhängig davon, ob ich daran denke. Zum Wahrsein eines Gedankens gehört nicht, dass er gedacht werde.

Der Gedanke ist zeitlos wahr, unabhängig davon wahr, ob irgend jemand ihn für wahr hält. Er bedarf keines Trägers. Da also die Entscheidung im Nichtsinnlichen liegt, könnte ein Nichtsinnliches auch da, wo keine Sinneseindrücke mitwirken, uns aus der Innenwelt hinausführen und uns Gedanken fassen lassen. Außer seiner Innenwelt hätte man zu unterscheiden die eigentliche Außenwelt der sinnlich wahrnehmbaren Dinge und das Reich desjenigen, was nicht sinnlich wahrnehmbar ist. Zur Anerkennung beider Reiche bedürfen wir eines Unsinnlichen; aber bei der sinnlichen Wahrnehmung der Dinge hätten wir außerdem noch Sinneseindrücke nötig, und diese gehören ja ganz der Innenwelt an. So ist dasjenige, worauf der Unterschied des Gegebenseins eines Dinges von dem eines Gedankens hauptsächlich beruht, etwas, was keinem der beiden Reiche, sondern der Innenwelt zuzuweisen ist. So kann ich diesen Unterschied nicht so groß finden,dass dadurch das Gegebensein eines der Innenwelt nicht angehörigen Gedanken unmöglich werden könnte.

Freilich ist der Gedanke nicht etwas, was man wirklich zu nennen gewohnt ist. Die Welt des Wirklichen ist eine Welt, in der dieses auf jenes wirkt, es verändert und selbst wieder Gegenwirkung erfährt und dadurch verändert wird. Alles das ist ein Geschehen in der Zeit. Was zeitlos und unveränderlich ist, werden wir schwerlich als wirklich anerkennen. Ist nun der Gedanke veränderlich, oder ist er zeitlos? Erst der durch die Zeitbestimmung ergänzte und in jeder Hinsicht vollständige Satz drückt einen Gedanken aus. Dieser ist aber, wenn er wahr ist, nicht nur heute oder morgen, sondern zeitlos wahr. Das Präsens in "ist wahr" deutet also nicht auf die Gegenwart des Sprechenden, sondern ist, wenn der Ausdruck erlaubt ist, ein Tempus der Unzeitlichkeit.

Welchen Wert könnte das ewig Unveränderliche für uns haben, das Wirkungen weder erfahren noch auf uns haben könnte? Etwas ganz und in jeder Hinsicht Unwirksames wäre auch ganz unwirklich und für uns nicht vorhanden. Selbst das Zeitlose muss irgendwie mit der Zeitlichkeit verflochten sein, wenn es uns etwas sein soll. Was wäre ein Gedanke für mich, der nie von mir gefasst würde. Dadurch aber, dass ich einen Gedanken fasse, trete ich zu ihm in eine Beziehung und er zu mir. Es ist möglich, dass derselbe Gedanke, der heute von mir gedacht wird, gestern nicht von mir gedacht wurde. Damit ist die strenge Unzeitlichkeit des Gedankens allerdings aufgehoben.

Aber man wird geneigt sein, zwischen wesentlichen und unwesentlichen Eigenschaften zu unterscheiden und etwas als zeitlos anzuerkennen, wenn die Veränderungen, die es erfährt, nur die unwesentlichen Eigenschaften betreffen. Unwesentlich wird man eine Eigenschaft eines Gedankens nennen, die darin besteht oder daraus folgt, dass er von einem Denkenden gefasst wird.

Wie wirkt ein Gedanke? Dadurch dass er gefasst und für wahr gehalten wird. Das ist ein Vorgang in der Innenwelt eines Denkenden,der weitere Folgen in dieser Innenwelt haben kann, die auf das Gebiet des Willens übergreifen, sich auch in der Außenwelt bemerkbar machen. Das Wirken von Mensch auf Mensch wird zumeist durch Gedanken vermittelt. Man teilt einen Gedanken mit. Wie geschieht das? Man bewirkt Veränderungen in der gemeinsamen Außenwelt, die, von dem andern wahrgenommen, ihn veranlassen sollen, einen Gedanken zu fassen und ihn für wahr zu halten. Und doch sind wir geneigt, die Gedanken für unwirklich zu halten, weil sie bei den Vorgängen untätig erscheinen, während das Denken, Urteilen, Aussprechen, Verstehen, alles Tun dabei Sache der Menschen ist.

Der Gedanke verlässt bei der Mitteilung das Machtgebiet des Mitteilenden nicht; denn im Grunde hat der Mensch keine Macht über ihn. Indem der Gedanke gefasst wird, bewirkt er Veränderungen zunächst nur in der Innenwelt des Fassenden; doch bleibt er selbst im Kern seines Wesens davon unberührt, da die Veränderungen, die er erfährt, nur unwesentliche Eigenschaften betreffen. Es fehlt hier das, was wir im Naturgeschehen überall erkennen: die Wechselwirkung. Die Gedanken sind nicht durchaus unwirklich, aber ihre Wirklichkeit ist ganz anderer Art als die der Dinge. Und ihr Wirken wird ausgelöst durch ein Tun der Denkenden, ohne das sie wirkungslos wären, wenigstens soweit wir sehen können.

3.2. Logisch-philosophische Abhandlung

(Wittgenstein Ludwig, Tractatus Logico philosophicus, 1918/1980)

Die Wirklichkeit wird mit dem Satz verglichen. Nur dadurch kann der Satz wahr oder falsch sein, indem er ein Bild der Wirklichkeit ist. Das Verbum eines Satzes ist nicht "ist wahr" oder "ist falsch" - wie Frege glaubte -, sondern das, was "wahr ist",muss das Verbum schon enthalten.Jeder Satz muss schon einen Sinn haben;die Bejahung kann diesen ihm nicht geben, denn sie bejaht ja gerade den Sinn. Und dasselbe gilt von der Verneinung, etc.

Der Satz stellt das Bestehen und Nichtbestehen der Sachverhalte dar. Die Gesamtheit der wahren Sätze ist die gesamte Naturwissenschaft (oder die Gesamtheit der Naturwissenschaft). Die Philosophie ist keine Naturwissenschaft. (Das Wort "Philosophie" muss etwas bedeuten, was über oder unter, aber nicht neben den Naturwissenschaften steht.) Der Zweck der Philosophie ist die logische Klärung der Gedanken. Die Philosophie begrenzt das bestreitbare Gebiet der Naturwissenschaft. Sie soll das Denkbare abgrenzen und damit das Undenkbare. Sie soll das Undenkbare von innen durch das Denkbare begrenzen. Der Satz kann die logische Form nicht darstellen, sie spiegelt sich in ihm. Was sich in der Sprache spiegelt, kann sie nicht darstellen. Der Satz zeigt die logische Form der Wirklichkeit.

Wir können in gewissem Sinne von formalen Eigenschaften der Gegenstände und Sachverhalte bzw. von Eigenschaften der Struktur der Tatsachen reden und in demselben Sinne von formalen Relationen und Relationen von Strukturen. (Statt Eigenschaft der Struktur wird "interne Eigenschaft"; statt Relation der Strukturen "interne Relation" gesagt, um die Verwechselung zwischen internen Relationen und den eigentlichen (externen) Relationen zu vermeiden.
Dass etwas unter einen formalen Begriff als dessen Gegenstand fällt, kann nicht durch einen Satz ausgedrückt werden.Sondern es zeigt sich an dem Zeichen dieses Gegenstandes selbst. (Der Name zeigt, dass er einen Gegenstand bezeichnet, das Zahlenzeichen, dass es eine Zahl bezeichnet etc.)
Die formalen Begriffe können ja nicht, wie die eigentlichen Begriffe, durch eine Funktion dargestellt werden. Denn ihre Merkmale, die formalen Eigenschaften, werden nicht durch Funktionen ausgedrückt. Der Ausdruck des formalen Begriffes also, ein Zug gewisser Symbole. Das Zeichen der Merkmale eines formalen Begriffs ist also ein charakteristischer Zug aller Symbole, deren Bedeutungen unter den Begriff fallen. Jede Variable ist das Zeichen eines formalen Begriffes.

Wo immer das Wort "Gegenstand" ("Ding", "Sache", etc.) richtig angewandt wird, wird es in der Begriffsschrift durch den variablen Namen ausgedrückt. Dasselbe gilt von den Worten "Komplex", "Tatsache", "Funktion", "Zahl",etc.Sie alle bezeichnen formale Begriffe und werden in der Begriffsschrift durch Variable, nicht durch Funktionen oder Klassen dargestellt. (Wie Frege und Russell glaubten.) Der formale Begriff ist mit einem Gegenstand, der unter ihn fällt, bereits gegeben. Man kann also nicht Gegenstände eines formalen Begriffes und den formalen Begriff selbst als Grundbegriffe einführen. Man kann also z.B. nicht den Begriff der Funktion, und auch spezielle Funktionen (wie Russell) als Grundbegriffe einführen; oder den Begriff der Zahl und bestimmte Zahlen. Die Frage nach der Existenz eines formalen Begriffes ist unsinnig. Denn kein Satz kann eine solche Frage beantworten.

(Man kann also z.B. nicht fragen:"Gibt es unanalysierbare Subjekt-Prädikatsätze?") Die logischen Formen sind zahllos. Darum gibt es in der Logik keine ausgezeichneten Zahlen und darum gibt es keinen philosophischen Monismus oder Dualismus, etc. Der Sinn des Satzes ist seine Übereinstimmung, und Nichtübereinstimmung mit den Möglichlichkeiten des Bestehens und Nichtbestehens der Sachverhalte.

Der einfachste Satz,der Elementarsatz, behauptet das Bestehen eines Sachverhaltes. Ein Zeichen des Elementarsatzes ist es, dass kein Elementarsatz mit ihm in Widerspruch stehen kann.Der Elementarsatz besteht aus Namen. Er ist ein Zusammenhang, eine Verkettung, von Namen. Es ist offenbar, dass wir bei der Analyse der Sätze auf Elementarsätze kommen müssen, die aus Namen in unmittelbarer Verbindung bestehen. Es fragt sich hier, wie kommt der Satzverband zustande. Auch wenn die Welt unendlich komplex ist, so dass jede Tatsache aus unendlich vielen Sachverhalten besteht und jeder Sachverhalt aus unendlich vielen Gegenständen zusammengesetzt ist,auch dann müsste es Gegenstände und Sachverhalte geben.Der Name kommt im Satz nur im Zusammenhange des Elementarsatzes vor.

3.3. Transzendentalphilosophische Deutung

(Litt Theodor, Mensch und Welt, 1948, Die Selbstaufstufung der Sprache, S 218-223)

In der Sprache lasse sich eben alles und jedes sagen. Warum solle sie nicht auch einmal, statt Gedanken über andere Dinge zu verlautbaren, Gedanken über sich selbst zum Ausdruck bringen? Wie sollte sie bloßes Objekt des Denkens sein, wo sie unentbehrliches Moment am Tun des Subjekts ist - wie sollte sie bloßes Mittel des Denkens sein, wo sie bestimmend durch Objekt wie Subjekt des Denkens hindurchgreift! Dasjenige, was erschlossen, durchleuchtet, zu sich selbst gebracht werden soll, ist zugleich dasjenige, welches erschließt, durchleuchtet, zu sich selbst bringt.

Die Sprache über die wir sprachen: Das war die der Welt verhaftete, die in die Welt versenkte,die sich an der Welt und die Welt an sich bildende Sprache. Die Sprache die wir sprachen: Das war die über diese Weltbindung sich erhebende und eben deshalb ihrer Kennzeichnung fähig gewordene Sprache. Beide Sprachen treten also unverwechselbar auseinander, und doch war es eine und dieselbe Sprache, die - nicht etwa sich in zwei Teile zerspaltete, sondern durch Rückwendung auf ihr eigenes Tun den besagten Unterschied hervorbrachte. Wie man sieht, sind Unterschied und Identität hier so ineinander verschränkt, dass sie einander nicht das mindeste anhaben können.

Solange die Sprache diesseits der Grenze verweilt, ist sie von der Welt benommen und in die Welt verschlungen. Denn nur von dem Jenseits der Grenze her kann überhaupt die Grenze als Grenze gesichtet werden. Sie tritt erst dann hervor, wenn die bis dahin unbefangen geübte, aber nicht bedachte Praxis der Sprache sich selbst beim Namen nennt - welche Benennung mit der Grenzüberschreitung eins ist. Das Jenseits ist nichts anderes als das beim Namen genannte Diesseits. Es ist dieselbe Sprache,die, ihre Mission ausübend, die Grenze zieht und einhält, und die, ihre Weltmission aussprechend, die Grenze überschreitet und aufhebt. Wir nennen, um die Verständigung zu vereinfachen, jene die "Sprache ersten Grades", diese die "Sprache zweiten Grades".

Wir fanden es im innersten Wesen der Sprache begründet, dass sie tatsächlich nicht als eine und einzige,sondern als Vielheit individuell verschiedener Sprachen existiert. Das war die Feststellung,die sich auf die Sprache ersten Grades bezog. Wenden wir uns aber der Sprache zu,in der diese Feststellung erfolgte - der Sprache zweiten Grades -, so finden wir durch sie selbst diese Feststellung einesteils bestätigt, andernteils aber auch aufgehoben.

Blicken wir nämlich auf den Sinn dessen, was die Sprache zweiten Grades zum Ausdruck brachte, so kann es uns nicht verborgen bleiben, dass in dem Sinn des durch sie Ausgesprochenen die Schranken der Individualität durchbrochen sind. Denn das worauf dieser Sinn zielte, war nicht eine bestimmte Sprache, sondern "die" Sprache schlechthin und als solche, die Sprache in schrankenloser Allgemeinheit.
"Individuell", "konkret", "einmalig", "geschichtlich" zu sein - das ist eine Bestimmung, die nach dem nicht wegzudeutelnden Sinn der zu prüfenden Sätze nicht etwa einer besonderen Sprache oder einer besonderen Auswahl von Sprachen, sondern jeder Sprache als solcher zugesprochen wurde. Genauer betrachtet liegen die Dinge so, dass die Sprache ersten Grades, die Sprache, die an der Welt heranwächst und die Welt in sich vollendet,individuell ist bis in die letzte Nuance von Klang und Bedeutung hinein, dass hingegen die Sprache zweiten Grades, indem sie die Sprache ersten Grades in dieser ihrer Eigentümlichkeit kennzeichnet, die in dieser Kennzeichnung aufgewiesene Grenze selbst überwindet. Und dies alles, obwohl sie die Formeln der Sprache ersten Grades nicht etwa durch andere, der Allgemeinheit als solcher zugeordnete Formeln ersetzt, sondern unveränderlich beibehält.
Damit kommt uns erst recht das Vermögen der Selbstüberhöhung zum Bewusstsein, an dem die Sprache nicht etwa einen beiläufigen Charakterzug,sondern ihr tiefstes Wesen hat. Es liegt in ihrem Wesen, dass sie nicht auf den unteren Stufen der eigenen Entfaltung stehen bleibt, sondern sich über sie erhebt, nicht um sie als erledigt und abgetan hinter sich liegen zu lassen, sondern um sie von einem höher gelegenen Blickpunkt aus gründlicher zu verstehen und besser auszulegen, als es weiter abwärts möglich gewesen wäre.
Eben dieser Punkt ist es aber auch, zu dem unsere Darlegung mit den letzten Sätzen vorgedrungen ist. Denn diese Sätze sprechen von dem, was in ihnen selbst geschieht. Das Wesentliche an der Organisation der Sprache liegt gerade in der nach der Tiefendimension hin sich erstreckenden Stufung, durch die sie erst sich selbst zu ergreifen in den Stand gesetzt wird.

3.4. Hermeneutik (Heidegger Martin, Sein und Zeit, 1927, Die Sprache)

Die Versuche, das "Wesen der Sprache" zu fassen, haben denn immer auch die Orientierung an einem einzelnen dieser Momente genommen und die Sprache begriffen am Leitfaden der Idee des "Ausdrucks" der "symbolischen Form", der Mitteilung als "Aussage", der "Kundgabe" von Erlebnissen oder der "Gestaltung" des Lebens. Für eine voll zureichende Definition der Sprache wäre aber auch nichts gewonnen,wollte man diese verschiedenen Bestimmungsstücke synkretistisch zusammenschieben. Das Entscheidende bleibt, zuvor das ontologisch-existentiale Ganze der Struktur der Rede auf dem Grunde der Analytik des Daseins herauszuarbeiten.

Der Zusammenhang der Rede mit Verstehen und Verständlichkeit wird deutlich aus einer zum Reden selbst gehörenden existenzialen Möglichkeit, aus dem Hören. Wir sagen nicht zufällig, wenn wir nicht "recht" gehört haben, wir haben nicht "verstanden". Das Hören ist für das Reden konstitutiv. Und wie die sprachliche Verlautbarung in der Rede gründet, so das akustische Vernehmen im Hören. Das hören auf.. ist das existentiale Offensein des Daseins als Mitsein für den Anderen. Das Hören konstituiert sogar die primäre und eigentliche Offenheit des Daseins für sein eigenstes Seinkönnen, als Hören der Stimme des Freundes, den jedes Dasein bei sich trägt. Das Dasein hört, weil es versteht. Als verstehendes In-der-Welt-sein mit den Aderen ist es dem Mitdasein und ihm selbst "hörig" und in dieser Hörigkeit zugehörig. Das Aufeinanderhören, in dem sich das Mitsein ausbildet, hat die möglichen Weisen des Folgens, Mitgehens, die privativen Modi de Nicht-Hörens, des Widersetzens, des Trotzens, der Abkehr.

Auf dem Grunde dieses existenzial primären Hörenkönnens ist so etwas möglich wie Horchen, das selbst phänomenal noch ursprünglicher ist als das, was man in der Psychologie "zunächst" als Hören bestimmt, das Empfinden von Tönen und das Vernehmen von Lauten. Auch das Horchen hat die Seinsart des verstehenden Hörens. "Zunächst" hören wir nie und nimmer Gräusche und Lautkomplexe, sondern den knarrenden Wagen, das Mororrad. Man hört die Kolonne auf dem Marsch, den Nordwind, den klopfenden Specht, das knisternde Feuer.

3.5. Universalität

(Lorenz Kuno, Elemente der Sprachkritik, 1970)

Eine Sprache lernen heißt im wesentlichen, das eigene Sprechen nach einem schon überlieferten Sprechen ausrichten, sie lehren hingegen heißt, wiederum im wesentlichen, anderen das eigene Sprechen vermitteln. Zwischen beiden Tätigkeiten aber hat jeder Mensch und haben Gruppen von Menschen einen Spielraum für spontane Schöpfung neuer Sprechweisen zur Verfügung. Dieser Spielraum macht den Unterschied verständlich, der zwischen der Sprache,die man -primär von den Eltern- gelernt hat, und der Sprache, die man - primär seine Kinder - lehrt, in mehr oder weniger deutlicher Ausprägung besteht. Die Neuschöpfungen können, unkontrolliert, den diachronischen Wandel der Umgangssprache verursachen, aber auch, kontrolliert, Ausdruck wachsender Einsicht in den verstehenden Wissenschaften von der Überlieferung und Ausdruck zunehmender Kenntnis in den erklärenden Wissenschaften von der Planung sein.

Lernen und damit verstehen, was andere reden, kann zu einem Programm der möglichst lückenlosen Deutung tradierter Texte, insbesondere der überlieferten Sprache der Philosophie oder Bildungssprache, ausgeweitet werden. Zu diesem "hermeneutischen" Programm gehört auch die Entwicklung der Kunst, historischer Gestalten,einzelne Gegenstände also, als Aktualisierungen treffender Handlungsschemata zu erfassen - ein Geflecht von schriftlich überlieferten Ereignissen etwa als eine Revolution - und damit ein Verständnis dieser Gestalten vorzubereiten.

Lehren hingegen,und damit anderen das Reden erklären,kann zu einem Programm der möglichst umfassenden Bereitstellung von neuen,sprachlich artikulierten Handlungsweisen, insbesondere den durch die Sprache der modernen exakten Wissenschaften vermittelten Handlungen, erhoben werden. Zu diesem "logischen" Programm gehört jetzt der Ausbau der Kunst, systematische Entwürfe,Handlungsschemata also, zu konzipieren, derem passende Aktualisierung - eine ebene Oberfläche etwa als Approximation eines euklidischen Ebenenstück -Teil der Planung ist und ihren Aufbau fördern hilft.

Werden beide Programme unter der Aufsicht kontrollierten Lehrens und Lernens verwirklicht, so dürfen sie insbesondere als Versuch einer Einführung vernünftigen Redens gelten, einer Einführung, die auf dem Boden einer Rekonstruktion der für das folgende unentbehrlichen Teile der Umganssprache als Konstruktion einer Wissenschaftssprache vorantreibe mit dem Ziel, Traditionen zu verstehen und Planungen zu erklären.

3.6. Transzendentalpragmatik

(Apel Karl-Otto, Logosauszeichnung, 1986)

Sätze der natürlichen Sprache (im Unterschied zu den funktional verstandenen Sätzen einer mathematisch-logischen Konstruktsprache!) haben syntaktisch und semantisch eine *performativ - propositionale Doppelstruktur*. Die klassische Explikation von sprachlicher Bedeutung im Sinne der *Referenz-Semantik* gilt nun m. E. lediglich für den *propositionalen* Bestandteil p jedes Satzes: für die *performativen* Bestandteile gilt dagegen, dass in ihm die potentielle *pragmatische* Kraft des Satzes, seine *illokutionäre Rolle oder Funktion auf der Ebene der Kommunikation, semantisch* - und das heißt - aufgrund von *Konventionen* des Sprachsystems - *vorstrukturiert* ist.

Damit ergibt sich, dass der *semantische Logos* der natürlichen Sprache insgesamt nicht durch den *propositionalen Logos* zureichend definiert wird,sondern eher durch die *Komplementaritätsstruktur* von *proportionaler* und *performativer* Bedeutung. Die *performativ- propositionale Doppel-* oder *Komplementaritätsstruktur* zeigt, dass die beiden kommunikativen Funktionen der Sprache sehr wohl durch sprachliche "Symbole" ausgedrückt werden können. Insofern sind sie keineswegs die"niederen Funktionen", die wir mit den Tieren gemeinsam hätten (wie Bühler und Popper annahmen). Eher legt sich die Vermutung nahe, dass die *Doppel* - bzw. *Komplementaritätsstruktur* die *Logos-Auszeichnung der menschlichen Sprache* ausmacht.

Es zeigt sich, dass durch *performativ* explizite, *selbstreferentielle* Sätze *drei notwendige, universale Geltungsansprüche der menschlichen* Rede, also der kommunikativen Sprechakte,formuliert werden können:
1. der Anspruch auf intersubjektiv gültige *Wahrheit* von Propositionen;
2. der Anspruch auf intersubjektiv gültige *normative Richtigkeit* - z. B. *Rechtfertigbarkeit* oder *Legitimierbarkeit* - von Sprechakten als sozialen Kommunikationsakten;
3. der Anspruch auf interpersonal anzuerkennende *Wahrhaftigkeit* oder *Aufrichtigkeit* des Ausdrucks subjektiver Intentionen.

Diese drei universalen Geltungsansprüche der *Rede (Logos)* sind notwendig und nichthintergehbar, denn sie lassen sich ohne *pragmatischen Selbstwiderspruch* im Diskurs nicht bestreiten.

Noch fundamentaler als die bereits 3 universalen Geltungsansprüche der Rede ist der ebenfalls *universale Anspruch der Rede auf intersubjektiv identische Sinn-Geltung*.

Bei der Transzendentalpragmatik werden vier universale Geltungsansprüche unterschieden:
1. der fundierte Anspruch auf *Verständlichkeit,*
2. der außenweltorientierte und die Adaequatio zwischen propositionalem Inhalt und außenwelt beanspruchende *Wahrheitsanspruch,*
3. der auf die Ko-Subjekte bezogene und die Übereinstimmung der Sprach-Handlung mit den konventionellen resp.universalen Normen beanspruchende *Richtigkeitsanspruch*, der zur Legitimierung der durch die Sprach-Handlung hergestellten oder angebotenen, jedenfalls regulierten und somit normierten Beziehung zum Ko-Subjekt verpflichtet,
4. der auf die Innenwelt bezogene und die Übereinstimmung zwischen dem expressiven Ausdruck und der psychischen Innenwelt des Redesubjekts beanspruchende *Wahrhaftigkeitsanspruch*, der zur Authenzität jeden Ausdrucks verpflichtet.

Das Ergebnis der von der Transzendentalpragmatik als unverzichtbar verteidigten *strikten Selbstreflektion* weist Sprache - als Bedingung der Möglichkeit und Gültigkeit von Denken, Erkennen und Handeln- als ein zweifaches Apriori aus:
1. als ein *geschichtlich - pragmatisches Apriori*, insofern sie immer schon als kontingente, geschichtlich ausgeprägte Sprache für jedes Sprachsubjekt vorgängige Bedeutungsstiftungen geleistet hat und somit Möglichkeitsgrund von intersubjektiv identifizierbarem Sinn und intersubjektiver Verständlichkeit bzw. Verstehbarkeit ist, ohne die jedes Denken sinnleer und jeder Handlung sinnlos wäre,
2. als ein *universales dia - logisch - pragmatisches Apriori*, insofern nur durch ihre logisch-pragmatische Regelhaftigkeit Gültigkeit beanspruchendes Gedachtes,Erkanntes und Getanes intersubjektiv geltend gemacht werden kann.

Gemäß dem transzendentalen Sachbegriff eröffnet Sprache *allererst drei Weltbezüge* (den Bezug zur Innenwelt, zur Außenwelt und Mitwelt). Jeder Sprechakt nimmt bei seiner reflexiv - intentionalen interpretativen Artikulation über etwas als etwas gegenüber jemanden auf diese drei Weltbezüge konstitutiv Bezug und beansprucht in unterschiedlicher Weise Geltung. Ohne Bezugnahme auf diese Weltbezüge wäre ein Sprechakt sinnlos.

4. Philosophische Lösungsversuche des Apriorismus

Einführung in die Erkenntnisaporien

Die Erkenntnis ist ein Akt, der das Bewusstsein überschreitet. Das Subjekt steht dem Gegenstand,der sich dinglich oder ereignishaft darbietet, gegenüber. Damit ist die Erkenntnis eine Relation zwischen Subjekt und Objekt, die das Bewusstsein überschreitet und somit ein transzendentaler Akt, im Gegensatz zu immanenten Akten des Bewusstseins. Es gibt eine Anzahl von transzendenten Akten,wie Handeln oder Betroffensein die emotional wirken. Der Erkenntnisakt hingegen ist rezeptiv. Mit der Erkenntis haben wir es mit einem dreigliedrigen Verhältnis zu tun. Dem Subjekt, Objekt und der Vorstellung des Objektes im Subjekt. Wenn das Subjekt das Objekt (Ding, Gegenstand, Ereignis) erfassen will, muss es über seine Sphäre hinaustreten. Dieses Rätsel bildet die erste Aporie. Diese Aporie ist das Wissen um das eigene Nichtwissen, insofern es über das eigene Erfassen hinausgeht. Mit anderen Worten, wie kann das Subjekt (Ich, Verstand) aus sich selbst heraustreten?

Die zweite Aporie stellt die Frage: Wie kann das Ding (Gegenstand, Ereignis, Objekt) in den Verstand (Subjekt, Ich) hineingelangen?

Als dritte Aporie gilt: Wie ist es möglich, dass unsere Vorstellungen (Ideen, Bewusstsein) mit den Dingen übereinstimmen?

Bei der vierten Aporie wird die Wahrheit hinterfragt: Wie kann das Objekt (Gegenstand,Ding) mit der Vorstellung (Bewusstsein) im Subjekt übereinstimmen? Und gibt es ein Kriterium womit wir die Wahrheit unserer Erkenntnis gewinnen können.

In der fünften Aporie wird gefragt: Wie können wir etwas wissen, was uns unbekannt ist. Dieses erweist sich als das Problembewusstsein.

Zur sechsten Aporie der Erkenntnis werden wir beansprucht: Wie kann aus dem Wissen des Nichtwissens eines Gegenstandes (Sache, Ereignis) ein positives Wissen über diesen Gegenstand werden? Wir bezeichnen diesen Vorgang als den Erkenntnisfortschritt. (E- Progress) Wir haben einen doppelten Zugang zum Objekt durch beide Stämme unserer Erkenntnis, einen apriorischen und einen aposteriorischen. Das apriorische Element ist nicht nur im Denken, sondern in den Gegenständen (Dingvorstellungen) vorhanden. (z. B. Die nichtsichtbaren Seiten der Dinge setzen wir einfach apriorisch voraus. Oder dass ich denselben Gegenstand mit fünf verschiedenen Sinnen wahrnehme). Das lässt sich nur durch ein apriorisches Erkennen erklären.

Die Erkenntnis a priori umfasst den Kategorienbereich, der für das Subjekt und den Gegenstandsbereich gemeinsam ist, durch das Allgemeine, ohne dass das Einzelne in seiner Realität berücksichtigt wird. Die Erkenntnis a posteriori bezieht sich nur auf das Einzelne (Ding, Ereignis). Beide Erkenntnisweisen sind heterogen und schließen sich inhaltlich einander aus und sind voneinander unabhängig.
Damit ist bei der Übereinstimmung der Erkenntnis a priori und der Erkenntnis a posteriori ein Kriterium von hoher Wahrscheinlichkeit gegeben.
Platon hat diese Aporie des Problembewusstseins in zweifacher Form vorgetragen: Wir forschen doch nicht nach dem, was wir schon erfasst haben (ζητεσις). Was ich schon weiß, das brauche ich doch nicht zu lernen. (μαθησις)
In der a priorischen Erkenntnis liegt schon ein Hinweis auf das Problembewusstsein,denn sie geht über das tatsächlich Erkannte bereits hinaus. Zudem erhebt sie den Anspruch auf Allgemeinheit und Notwendigkeit. Wie die a priorische Erkenntnis der a posteriorischen Erkenntnis vorausgreift, so zeigt die a posteriorische Erkenntnis ein Hinausgehen über die a priorische Erkenntnis. Das gegenseitige Übergreifen beider Erkenntbereiche ist nicht nur einmalig, sondern wiederholt sich ständig. Dieses Forwärtschreiten der Erkenntnis ist der Erkenntnisprogress.

Nach Kant wird in uns jede Erkenntnis, jede Anschauung, jeder Begriff, jede Vorstellung in Synthesen aufgestellt. Jede Synthese ist eine Zusammenfassung des Mannigfaltigen zu einer Einheit. Diese Einheit hat stets die Form einer Gesetzlichkeit. Die Mannigfaltigkeit hingegen muss die Form der sinnlichen Erfahrungsgegebenheiten besitzen. Die Gegenstände können erst durch eine Synthese zustande kommen, die Einheit aber bewirkt der Verstand. So ist grundsätzlich festzustellen, dass die Natur (Welt) wohl die gleiche geblieben ist beim Erkenntnisvorgang, nur unsere Begriffe von ihr haben sich geändert und sind richtiger.
(Hartmann Nicolai, Einführung in die Philosophie, 1949, Erkenntnistheorie, S 67-107)

4.1. Problembewusstsein

4.1.1. Apriorisches Problembewusstsein und kategoriale Implikation

Schon die Tatsache, dass das Problembewusstsein ein "Wissen vor dem Wissen" ist, weist auf Erkenntnis a priori hin. Was weder Wissen noch Nichtwissen ist, sondern ein zwischen beiden in der Mitte schwebendes Wissen umd das Nichtwissen, das muss notwendig die Form einer Antizipation, eines "Vorwissens" haben; denn auch das Wissen des Nichtwissens setzt ein Bewusstsein des Gegenstandes voraus. Diese Form kann sehr wohl die apriorische Erkenntnis haben. Sie hat den Charakter der Allgemeinheit und Notwendigkeit und kann mit diesem tatsächlich über die Grenzen des als wirklich Erkannten hinausgelangen; sie antizipiert in jedem Satz, dessen Gültigkeit sie erschaut, eine prinzipiell unendliche Reihe möglicher Fälle, von denen bestenfalls nur ein begrenzter Teil erkannt sein kann. Sie kann also Zusammenhänge fixieren, für deren ganze Tragweite die Erfahrungsunterlage durchaus nicht hinzureichen braucht. Ein Fehler der Erfahrungsunterlage aber und das damit verbundene Bewusstsein der Unerfülltheit genügt aber schon, um das so Fixierte oder Antizipierte als Problemempfinden zu lassen, als wirkliches Wissen eines Nichtwissens. Dasselbe gilt von aller hypothetischen Annahme. Hypothetisches Wissen ist problematisches Wissen. Es ist zwar inhaltlich positiv, und insofern über das Nichtwissen hinaus, aber das Positive in ihm ist nur ein Versuch, das Fehlen beglaubigten Inhalts zu ersetzen.

Die Prinzipien apriorischer Erkenntnis sind nicht nur Bedingungen wirklicher Erfahrung, sondern darüber hinaus auch aller möglichen Erfahrung. Sie erstrecken sich also immer auch mit auf das Unerkannte und vollziehen immer eine Art Antizipation möglicher Gegenstände, deren Wirklichkeit fraglich bleibt, bis Erfahrung sie "gibt". Diejenige Relation, welche das Problembewusstsein ausmacht, das Übergreifen vom Bekannten auf das Unbekannte, ist also in ihnen immer schon angelegt. Doch geht die Kompetenz der Antizipation tatsächlich noch weiter. Darin stimmen alle überein, dass es sich hier nicht um einen Zusammenhang handelt, den das Bewusstsein erst herstellen müsste, oder gar nach Belieben einrichten könnte,sondern um ein festgefügtes Netz von Relationen, die ebenso ewig und unumstößlich sind, wie der Inhalt des Apriorischen selbst, ja dass sie unmittelbar zu diesem Inhalt gehören und vielleicht gar seine Bedingungen sind. Ihr Seinscharakter ist derselbe wie der der Kategorien.

Dass dieses vom immantenten Apriorischen gilt, welches den logisch idealen Gegenstand determiniert, ist ohne weiteres einleuchtend. Der Zusammenhalt logischer und mathematischer Erkenntnisse hat immer als Prototyp evidenter Beziehung, Folge und Abhängigkeit gegolten. Das gleiche gilt aber in entsprechender Fassung und Beschränkung auch von der transzendent apriorischen Einsicht. Diese beruht auf einer partialen Identität der Seinskategorien und der Erkenntniskategorien. Der partiale Identitätscharakter in der Kategorialen Grundrelation ist dahin gehend zu verstehen, dass die Kategorien der transzendenten Gegenstandserkenntnis sich mit einem Teil der seienden Gegenstandskategorien decken, also inhaltlich einen Ausschnitt aus dem System der letzteren bilden. Hieraus folgt aber, dass auch im Sein jedes einzelne Prinzip die anderen real invoviert. Die Seinskategorien müssen also innerhalb jenes Ausschnittes einander ebenso real implizieren, wie die entsprechenden Erkenntniskategorien einander ideal implizieren. Die immanente Implikation, soweit sie sich inhaltlich auf Repräsentationen realer Gegenstände erstreckt,hat unmittelbar objektive Gültigkeit in bezug auf die letzteren. Ein Bewusstsein des Unerkannten als solchen,d.h. ein gegenständlich bezogenes Wissen des Nichtwissens ist dann einfach die Form, in der jene apriorischen Relationen zum Bewusstsein kommen, und in der sich alles transzendente Gegenstandbewusstsein begleiten.

Nun erstreckt sich aber das Problembewusstsein nicht nur auf den erkennbaren Teil des Transobjektiven, sondern auch auf den darüber hinausliegenden unerkennbaren, d. h. auf das Irrationale, oder genauer, auf das Transintelligible. Es gibt eben das Problem des Irrationalen als Grenzbewusstsein aller Problemketten; und dieses Problembewusstsein ist ebenso wie jedes andere auf ein reales Seiendes bezogen. Für das erkennende Bewusstsein bedeutet das aber, dass im Zusammenhang des apriori Einsichtigen am Gegenstand Beziehungsglieder auftreten, deren Gegenglieder nicht nur unerkannt, sondern auch durchaus unerkennbar sind. Was sich in solchen Fällen erkennen lässt, ist nur, dass diese Gegenglieder irgendwie im Seienden vorhanden sein müssen,dass ihnen am Gegenstande etwas Reales entsprechen muss; wie dieses Reale aber beschaffen ist, und was überhaupt es ist, bleibt unerkennbar. Das aber ist es, was wir das Bewusstsein des Irrationalen nennen.

4.1.2. Aposteriorisches Problembewusstsein

Die apriorische Erkenntnis hat also die Eigentümlichkeit, dass sie aufgrund ihres antizipierenden und implizierenden Wesens beständig über die aposteriorische hinausgeht und ihr gleichsam die Probleme aufgibt, d. h. ihr die empirische Erfüllung des Antizipierten überlässt. Aber das ist nur eine Seite des Problembewusstseins. Auch die Erkenntnis a posteriori zeigt eine Art des Hinausgehens über die apriorische. Und dieses letztere ist sogar die viel naivere und bekanntere Art des Problembewusstseins. Ganze Gebiete der Naturwissenschaft sind erfüllt von Tatsachenerkenntnis,von Beobachtungsmaterial aller Art, für deren Ausdeutung unter allgemein theoretischen Gesichtspunkten die Gesetzeserkenntnis nicht ausreicht. Nicht die biologischen Wissenschaften allein befinden sich in dieser Lage. Auch Physik und Chemie stehen vor immer neuen Rätseln der Erfahrung, und für ihre theoretische Bewältigung greift das apriorische Denken zur Hypothese. In noch ausgieberigerem Maße liegt das gleiche Verhältnis auf dem weiten Gebiet naiver Erkenntnis vor. Überall hier ist das Erfahrungsmaterial zwar nicht rein aposteriorisch, sondern mit mannigfachen Fäden apriorischer Erkenntnis bereits durchsetzt. Die ergänzende und verarbeitende apriorische Einsicht fehlt. Und sofern das Bewusstsein um diese Unfertigkeit weiß, liegt auch hier ein Wissen des Nichtwissens vor.

Die nicht in Deckung miteinander befindlichen Teile der apriorischen und der aposteriorischen Erkenntnissphäre bilden für das Bewusstsein die Grenz- oder Problemsphären, deren Inhalt als unverstanden oder unerkannt empfunden wird, obgleich er im Ganzen des Erkenntniszusammenhanges bereits seine bestimmte Stelle einnimmt.In dieser Bestimmtheit der Stelle ohne volle inhaltliche Erfülltheit bestehteben das Problembewusstsein.

Das auf den realen Gegenstand bezogene Problembewusstsein ist also ein vermitteltes; zwei Arten der Inadäquatheit sind hier in eindeutiger Weise aufeinander bezogen: die immanente Inadäquatheit ist das Anzeichen der transzendenten, die gegenseitige Inadäquatheit der Erkenntnisspären vermittelt das Bewusstsein der Inadäquatheit zwisch. Repräsentation und seiender Sache. Hier findet demnach etwas ähnliches statt wie beim Kriterium der Wahrheit: die innere Beziehung zwischen Inhalt und Inhalt ist das Anzeichen einer äußeren Beziehung zum Gegenstand.

Anmerkungen

Das Formale des Problembewusstseins wurde theoretisch dargelegt. Damit ist aber das Phänomen nur relational erfasst worden. Viel umfassender werden die tatsächlichen Gegebenenheiten des Apriorismus ihre Auswirkungen zeigen. Doch sollen lediglich die Ansätze davon erörtert werden.

1. Sprachliche Apriorismen

Alle Dinge (Gegenstände, Ereignisse) werden in jeder Sprache nach einem geschlechtlich-sachlichen Schema eingeordnet. (z.B. der Diamant, die Perle, das Gold) Ein anderes Beispiel:(Der, die, das,(er, sie, es) Der Mund, die Nase, das Auge und das Ohr. Die(le=der) Sonne; der (la=die) Mond.)

2. Apriorismen des Weltbildes

2.1. Die alltägliche Umgangssprache beurteilt die Gegebenheiten subjektiv. (z. B. Die Sonne geht auf)

2.2. Die wissenschaftliche Sprache versucht objektiv die Dinge zu erfassen. (z. B. Die Erde bewegt sich um die Sonne)

2.3. Die dichterische Sprache personifiziert die Dinge und Ereignisse. (z. B. Der Wald steht still und schweigend und aus den Wiesen steiget)

3. Apriorismus des Weltbestehens

3.1. Naives Weltbild

3.2. Jüdisches Weltbild

3.3. Ptolomäische Vorstellung

3.4. Kopernikanische Wende

3.5. Physikalische Deutungen

3.6. Evolutionskonzept

3.7. Anthropisches Prinzip

4. Apriorismen der Weltanschauung

4.1. Jüdisch-christliche Begründung

4.2. Psychologische Bedingungen

4.3. Biologische Bestimmung

4.4. Soziologische Auffassung

4.5. Kommunistischer Überbau

Damit sollen nur einige Hinweise gegeben werden, ohne die einzelnen Bilder, Anschauungen und Weltauffassungen darzulegen. Aber es zeigen sich Apriorismen in den Kulturen der Menschheitsgeschichte die den einzelnen Menschen bestimmen, von denen er sich apriorisch vereinnahmt fühlt. Weitere apriorische Bedingungen sind zivilisatorische, modische,politische Annahmen, in die ein jeder hineingenommen wird, um nur einiges zu nennen aus dem weiten Feld des Apriorischen.

4.2. Strukturalistische Theorie

(Stegmüller Wolfgang, Neue Weger der Wissenschaftsphilosophie, 1980)

Wenn ein Physiker seine Theorie aufbaut, so sind die Entitäten, mit denen er es zu tun hat, vorzugweise quantitative Begriffe, d. h. Funktionen. Also werden Bezeichnungen von Funktionen zu seinen Grundtermen gehören. Der Wissenschaftsphilosoph, der das Aussagenkonzept akzeptiert, übernimmt diese Denkweise. Wenn er außerdem wie z. B. Carnap, ein Vertreter der formalsprachlichen Methode ist, wird er in seine Kunstsprache eigene Symbole zur Bezeichnung solcher Funktionen, nämlich sogenannte Funktoren,mit aufnehmen. Ein Funktor, er eine bestimmt physikalische Größe, z. B. die Energie, repräsentiert, ist ein typisches Beispiel für einen atomaren Term in der mikroanalytischen Betrachtungsweise.
Wesentlich ist für uns im Augenblick allein dies, dass es uns hier zunächst nur um die formale Seite einer physikalischen Theorie geht und dass diese formale Seite in einer mathematischen Struktur besteht. Hat man diese mathematische Struktur genau beschrieben, so kann man dazu übergehen, einen Namen für die Menge derjenigen Entitäten einzuführen, die eine solche Struktur besitzt. Dieser Name sei etwa "M". Wir sagen: Der Term "M" bezeichnet die Menge aller Modelle der Theorie."M" ist ein typisches Beispiel für den atomaren Term innerhalb des strukturalistischen Vorgehens.

Ein Vertreter der herkömmlichen Wissenschaftsphilosophie wird eine solche Denkweise als geradezu absurd empfinden.Er wird etwa sagen: Einen Überblick über die Menge aller Modelle einer ganzen physikalischen Theorie können wir doch erst am Ende unserer Untersuchungen gewinnen! Wie kann jemand so verrückt sein, seine Analyse mit dieser Modellmenge - und mit einer Reihe ähnlicher Mengen oder sogar noch voraussetzungsreicherer Entitäten, wie die Betrachtung des strukturalistischen Vorgehens zeigt - zu beginnen!

Die genannte Menge M ist nicht etwas, womit einfach ´begonnen` wird. Eine mathematischen Vorarbeit muss bereits geleistet sein, nämlich die Beschreibung der mathematischen Struktur der fraglichen Theorie. Nur unter dieser Voraussetzung kann diese Menge und der sie designierende Term "M" eingeführt werden. Bekanntlich bildet man aus Termen Sätze, und zwar zunächst atomare, später dann kompliziertere. Wie kann man überhaupt dazu gelangen, sich in präziser Weise mit ´globalen Strukturen` von Theorien zu beschäftigen?

Durch das Verfahren der Axiomatisierung durch Einführung eines mengetheoretischen Prädikates. Wer die Theorie der Halbordnung axiomatisiert,definiert das mengentheoretische Prädikat"ist eine Halbordnung.

Analog kann man die Tätigkeit der Mathematiker, welche die Gruppentheorie, die Theorie der Vektorräume oder die Wahrscheinlichkeitstheorie axiomatisch aufbauen, so deuten, dass sie die Prädikate "ist eine Gruppe", "ist ein Vektorraum" oder "ist ein Wahrscheinlichkeitsraum" definieren. Die sogenannten Axiome sind dann nichts anderes als bestimmte Bestandteile im Definiens des fraglichen Prädikates. Das formalsprachliche Vorgehen verführt dazu, einen Gegenstandsbereich festzulegen. Tatsächlich hat jedoch eine physikalische Theorie nicht eine, sondern zahllose verschiedene Anwendungen. Jeder Versuch eine empirische Theorie rein logisch darzustellen, lässt Raum für völlig absurde Modelle.

Wir besitzen ohne Zweifel erklärende Modelle gewisser natürlicher Arten - das Erklärungsmodell für das Wasserstoffatom ist wohl das beeindrucksvollste Beispiel -, aber wir werden niemals über etwas Analoges für den Menschen verfügen. Dazu müssten wir nämlich neben geeigneten Gesetzmäßigkeiten vor allem ein adäquates Modell für die funktionelle menschliche Organisation finden. Diese Organisation, die zur Entwicklung ihrer spezifischen Eigentümlichkeiten mehrer Millionen Jahre benötigte und deren vollständige Beschreibung vermutlich nicht einmal in die größte wissenschaftliche Bibliothek auf der Welt hineinpassen würde, müsste uns zur Verfügung stehen, um erklärende Modelle für die menschlichen Emotionen und kognitiven Funktionen, für die Entstehung und den Verlauf vom Menschen geschaffener Institutionen und seiner kulturellen Aktivitäten zu liefern.

Da die Beschreibung dieser funktionellen Organisation das menschliche Fassungsvermögen weit übersteigt, wird der Mensch sich selbst auch niemals so erforschen können, wie er das Wasserstoffatom erforscht. Wesen, die für alles Bedeutsame in ihrem Leben eine korrekte Theorie haben - Liebe,Abneigung,Krieg,Freundschaft,soziale und kulturelle Erscheinungen -,könnten all das nicht mehr erleben und so wie wir vollziehen; ihre Institutionen und kulturellen Einrichtungen hätten mit den unsrigen keine erkennbaren Ähnlichkeiten mehr. Der Mensch hätte sich in eine neue Spezies transformiert.

4.3. Evolutionstheorien

(Daecke Sigurd Martin, Schnakenberg Jürgen, Religion in der Evolution, 2000)

4.3.1. Das physikalische Bild der Welt

Wie kommt naturwissenschaftliches Erkennen zustande?

Die oberste Instanz der Entscheidung darüber, ob eine naturwissenschaftliche Aussage zutrifft oder nicht, ist die Erfahrung oder das Experiment. Die wichtigste Forderung an ein Experiment besagt, dass es reproduzierbar (reliabel) sein muss, d.h.,dass es unter gleichen Bedingungen wiederholbar sein muss und dieselbe Antwort liefern muss. Wenn von der physikalischen Kosmologie die Rede ist gibt es zwei mittelbare reproduzierbare experimentelle Zugänge über den Beginn und Verlauf des Universums. Zum einen "Erinnerungen" an seinen Beginn und seine frühe Entwicklung, die sich in bestimmten Eigenschaften von Strahlen und Materie im Kosmos äußern und aus denen sich reproduzierbar auf das Geschehen nach dem Beginn zurückschließen lässt. Zum andere wird versucht, die physikalischen Bedingungen des frühen kosmischen Geschehens in Experimenten, z.B. in großen Teilchen-Beschleunigern, nachzustellen. Aus den Ergebnissen von Experimenten werden Hypothesen (Modelle) gebildet und auf wesentliche Strukturen reduziert. Als Naturgesetz bezeichnet man in der Physik eine Theorie, die einen größeren Bereich physikalischer Phänomene konsistent beschreibt und in der Spache der Mathematik formuliert wird.

Die Entwicklung des Universums mit seiner Raum-Zeit besitzt nach den Erkenntnissen der Kosmologie einen Anfang, auch Urknall genannt. In diesem Anfangszustand waren Materie bzw. Energie in einer unvorstellbar hohen Dichte konzentriert. Aus ihm heraus expandiert das Universum bis heute. Ob es auch ein Ende geben wird, also eine Zurückentwicklung wiederum in einen Zustand unvorstellbar hoher Dichte, oder ob die Expansion immer weiter gehen wird,ist zwar grundsätzlich durch Beobachtungen, also durch Experimente entscheidbar, doch lassen die derzeit bekannten Daten diese Entscheidung noch nicht zu.

Die Arbeitshypothese der Physik und speziell der Kosmologie lautet, dass sich sämtliche Erscheinungen, die sich im Universum seit seinem Beginn beobachten lassen,auf Naturgesetze zurückführen lassen, also durch sie erklärbar sind. Das Programm, sämtliche Beobachtungen in der Natur auf grundlegende Gesetze zurückzuführen, ist noch nicht abgeschlossen.Insbesondere fehlt eine letzte, alles umfassende Theorie, die auch "Weltformel" genannt wird. Es ist noch nicht sicher ob es je einen solchen Abschluss geben wird.

4.3.2. Das anthropische Prinzip

Das anthropische Prinzip ist ein gewisser Ansatz, um einen Schöpfergott plausibel zu machen. Dieses besteht aus zwei Teilen: einer Feststellung, die als Veraussetzung dient und einer Folgerung daraus. Die Feststellung: Wenn die Naturkonstanten wie z.B. die Gravitations-Konstante, die elektrische Elementarladung, die Lichtgeschwindigkeit, das Plancksche Wirkungsquantum bzw. deren Verhältnisse nur wenig andere Werte als die von uns beobachteten hätten, dann hätte es nicht zur Entstehung eines Universums mit der Struktur des unsrigen kommen können, nicht zur Bildung von Galaxien,von Sternen,Planeten und letztlich auch nicht zu einer Evolution des Lebens, die den Menschen hervorgebracht hat.

Die Folgerung: Dass die Naturkonstanten gerade jene Werte besitzen, die unser Universum haben entstehen lassen, ist angesichts der denkbaren Vielfalt möglicher Werte ein äußerst unwahrscheinliches Ereignis, das nicht als durch Zufall, sondern nur als durch einen Plan oder Schöpfungsakt zustande gekommen vorstellbar ist.

Das anthropische Prinzip ist als eine wissenschaftliche Aussage nicht haltbar. Es verwendet die Begriffe *unwahrscheinlich* und *Zufall*, die physikalisch nur als *relative Häufigkeiten* fassbar sind. Einem physikalischen Ereignis kann man Wahrscheinlichkeit nur als auf die Weise zuordnen, indem eine bestimmte Situation, in der es auftreten kann, unter gleichen Bedingungen hinreichend oft realisiert wird. Der Entstehung eines Universums mit gewissen Eigenschaften kann man mithin nur dann eine Wahrscheinlichkeit zuordnen, wenn man diesen Vorgang sehr oft beobachtet hat und aus den beobachteten Daten relative Häufigkeiten bilden kann.Das aber ist gerade nicht möglich,weil wir nur unser eigenes Universum beobachten können. Die beobachteten Werte der Naturkonstanten lassen offensichtlich die Entstehung des Menschen zu, dass seine Entstehung aber keineswegs zwingend ist, weil Evolution nun tatsächlich, also naturwissenschaftlich beobachtbar von Zufallsentscheidungen abhängt.

Wenn die Vorstellung von Gottes Schöpfung der Welt und von seiner physischen Wirkung in ihr aus naturwissenschaflicher Sicht nicht mehr haltbar ist, dann liegt als naturwissenschafliche Hypothese doch wohl am nächsten,dass Religiosität selbst ein Ergebnis der Menschwerdung, also der menschlichen Evolution ist. Sehr deutlich wird diese naturwissenschaftliche Hypothese der Religiosität von dem Biologen Edward O. Wilson in seinem Buch Die Einheit des Wissens, 1998 ausgesprochen.

4.3.3. Die Grenzen evolutionbiologischer Deutung

Die Evolutionsbiologie ist ein Derivat anderer naturwissenschaftlicher Paradigmen, die streng reduktionistisch vorgehen. Gesucht wird nach der einfachsten Erklärung. So kann das Entstehen der Artenvielfalt auf Erden durch die Evolutionsbiologie befriedigend erklärt werden. Das Verständnis von Reduktionismus kommt zudem ohne das Postulat aus, etwas "bewiesen" zu haben. Die Evolutionsbiologie postuliert Mechanismen (z.B. Mutation, Variation, Selektion) im Laufe der Zeit lediglich zu immer plausibleren Axiomen.

Trotz ihres heuristischen Reduktionismus ist die Evolutionstheorie prinzipiell unbescheiden, was von ihrem programmatischen Expansionismus herrührt. Evolution ist ein Molochparadigma, das benachbarte Disziplinen gerne aufsuchen. Nicht nur der naturwissenschaftliche Kanon von Astronomie bis Chemie hat die Denkschablone vom allmählich Gewordensein alles Existierdenden übernommen, sondern es halten mittlerweile auch Fächer wie Medizin, Wirtschaftswissenschaften,Ethik, Jurisprudenz, Philosophie oder Theologie ihre Köpfe mehr oder weniger bereitwillig hin.

Schließlich muss über die Grenzen der evolutionsbiologischen Perspektive festgestellt werden, dass sich legitim keine Wertungen aus der Annahme ableiten lassen. Auch wissenschaftliche Theorien sind nicht objektiv, sondern spiegeln bestimmte gesellschaftliche und damit zeitgeistige Verhältnisse wider, sowie Welterklärungen in Übereinstimmung mit dem vorherrschenden Zeitgeist zu konstruieren.
Eine Theorie, zu deren zentralen Begriffen Entwicklung und Auslese, Kosten und Nutzen, Rivalität und Kooperation zählen, lässt sich in diesem Sinne schwer einordnen. Die Evolutionsbiologie muss zwar die Aussage machen, dass sie die Nicht-Existenz Gottes nicht beweisen kann(was übrigens gewisse Grenzen des oft kolporierten Falsifikationsmodells aufzeigt - denn die Nicht-Existenz Gottes ließe sich nur durch das Auffinden Gottes falsifizieren).

4.3.4. Religionspsychologie und religiöses Verhalten

Die Psychologie beschäftigt sich mit den bewussten und unbewussten geistigen und seelischen Vorgängen im Menschen, mit seinem Erleben, Verhalten und Handeln sowie seinen Einstellungen und Motiven.

4.3.4.1. Phylogenetischer Ursprung der Mensch-`Gott´-Beziehung

In den paläolithischen Menschengruppen waren die meisten Männer u. Frauen damit beschäftigt, von Tag zuTag zu überleben. Aber hie und da gab es schärfere Beobachter, tiefere Denker, feinfühligere Seher/innen, intensivere Träumer/innen, die überdies Neigung zu dem hatten, was wir heute unter Biologie, Medizin, Seelsorge, Theologie, Soziologie, Geschichte und selbst Politik verstehen. Die in Rede stehenden ungewöhnlichen Menschen waren Schaman(inn)en,Medizinmänner,Priester/innen. Die frühen religiösen Führer/innen verstanden bereits, dass viele Ereignisse eine verstehbare Ursache haben, und dass deren Kenntnis Macht bedeutet, im Bestfall jene, erwünschte Ereignisse herbeizuführen oder aber unerwünschte zu verhindern.

Rituale waren ein Mittel diesen Mythos im Bewusstsein zu verankern und von Generation zu Generation weiterzugeben. Dabei half es möglicherweise, dass bestimmte Rituale im Zentralnervensystem gewisse `Resonanzen´auslös(t)en, insbesondere in den sympathischen [die Erregung steuernden]und parasympathischen[die Ruhe und Verdauung steuernden] Teilsystemen. Religiöses Verhalten und religiöse Erfahrung unterläge zwei Basen im Gehirn: einen "kausalen Operator" und einen "holistischen Operator". Ersterer füge die beobachteten Ereignisse zu Kausalketten zusammen - bis zum Ausgang von Geistern und Göttern -,letzterer erstelle daraus ein umfassendes Weltbild und spiele eine Rolle bei mystischen Erlebnissen, der Vereinigung mit einem Supranaturalen, der unio mystica, dem Nirwana und dergleichen. Das limbische System würde gewisse Erregungszustände zu religiösen Erlebnissen verarbeiten, od. mittels fluktuierender magnetischer Stimulation des linken Schläfenlappens. Vor Erlangen des Selbstbewusstseins (das seit etwa 3000 Jahren bestehe) halluzinatorische Vorgänge in der rechten Gehirnhälfte von der linken Gehirnhälfte als Botschaft der Götter aufgefasst. Wenn es darum geht, Religion und Religiosität zu verstehen,müssen also der ganze menschliche Körper und sein Nervensystem (einschließlich der Rolle des Unbewussten) mit einbezogen werden. Der Körper stellt gewissermaßen eine Brücke zwischen dem biologischen und dem kulturellen Menschen dar. Allerdings wirft dieser Sachbestand die Frage auf, inwieweit Religion ein Naturphänomen und wieweit ein Kulturphänomen ist.

Die Verbreitung von Religion in Zeit und Raum weist ihre Wurzeln in der menschlichen Erbanlage hin. Auf der anderen Seite zeigt sich aber der Einfluss der Kultur an den zT.sehr unterschiedlichen Ausprägungen von Religion.
Trotz aller Voraussagen über den Ersatz von Religion durch rein diesseitige, rationale Lebens- und Verhaltensregeln behaupten sich Religionen und religiöses Leben weltweit in starkem Maße, wenn auch z.T.in neuen Formen. Verschiedene Gründe werden angegeben: 1mehr oder weniger bewusste, angeborene `Triebe´ (Angstbewältigung, Anbetung, Neugier); 2biologischer Überlebensmechanismus; 3Mischung aus biologischen Anlagen und Sozialisierung bzw. kognitiver Entwicklung; 4Der Wunsch nach Lebenssinn und möglichst weitgehender Mitbestimmung des eigenen Lebensverlaufs; 5Wille zu Selbstwerdung und spirituellem Wachstum; 6Gewohnheit.
Bei einer solchen Vielfalt von Gründen erstaunt kaum, dass es noch keine umfassende religionspsychologische Entwicklungstheorie gibt. Dies um so weniger, als sie einerseits auf dem Supermarkt der Religion eine breite Angebotspalette entwickelt hat und andererseits die Ablehnung traditioneller religiöser Welterklärungen und Lebensformen zugenommen hat. Kann das überhaupt alles in einer Theorie untergebracht werden, oder braucht es mindestens zwei, eine für Tranzendentalisten und ein für Naturalisten?
Auch nach zwei Gründen liegt eine Beurteilung vor: asolche für eine Religiosität in Wir-Form und bsolche für eine Religiosität in Ich-Form. Die a Gruppe wird unter dem Stichwort Religiosität im Spannungsfeld von Fremd- und Selbstsozialisation thematisiert, zunächst die Familie, die Glaubensgemeinschaft, die Umgebung allgemein sowie das Lernen am Modell, Lernen durch Instruktion, durch Fremdverstärkung und soziale Betätigung sowie durch Suggestion und Hypnose und danach die religiöse Intensivgruppe und ihren charismatischen Führer (Rekrutierung, Gruppenatmosphäre, Beziehung zum Meister, Schulung).
Bezüglich der Ich-Form werden diese Erklärungsversuche angegeben: Als°instinkthaftes Suchen nach Schutz, °Hoffnung auf Unsterblichkeit, °Zwang und regressiver Wunsch nach dem Schutz eines allmächtigen Vaters,°Geborgenheit bei einem mütterlichen und väterlichen Gott,°Bereitschaft zu neugier-, kontroll- und selbstwertmotivierten Erklärungen, °Verwurzelung in Wünschen, in Werten und in der Frage nach dem Sinn des Ganzen.

4.3.4.2. Ontogenetische Entwicklung der Mensch-`Gott´-Beziehung
Vom Unbewussten aus werden psychologische Prozesse und deren Ereignisse mit dem allgemein Bewussten verknüpft. (Rolf Oerter, 1999) So erwirbt beispielsweise ein Kind sein Selbstbewusstsein, ohne sich des Prozesses bewusst zu sein, aber wenn es genügend fortgeschritten ist, wird es sich des eigenen Selbst bewusst. So erwirbt man Fähigkeiten Schritt für Schritt, aber wenn man sie erworben hat, lässt man die einzelnen Schritte außer acht. Dementsprechend hat auch die religiöse Entwicklung bewusste und unbewusste Anteile, eigenständige und absozialisierte.

Eine Stufentheorie des "Religiösen Urteils" wurde dahingehend erarbeitet. Im Kern steht die Wandlung der Auseinandersetzung des Menschen mit der Wirklichkeit angesichts eines Letztgültigen, das die gegebene Wirklichkeit transzendiert. Es geht nicht um Religion in ihrer historischen Gestalt, sondern um Religiosität als persönliche Form von Lebensbewältigung.

Stufe 1: Orientierung an einem Letztgültigen, das direkt in die Welt eingreift,sei es belohnend oder behütend, sei es sanktionierend und zerstörend. Der Mensch erfährt sich als reaktiv und genötigt, sich im Sinne des Letztgültigen zu verhalten. Typische Antwort: *"Paul muss das Versprechen halten, sonst macht Gott, dass er Bauchweh kriegt."*

Stufe 2: Orientierung an einem Letztgültigen, mit dem ein ich do-ut-des-Verhältnis gepflegt wird. (Ich gebe, damit du gibst). Der Mensch kann auf das Letztgültige einwirken,sei es, um sich vor möglichen Sanktionen abzusichern, sei es, um diese für eigene Ziele in Dienst zu nehmen: *"Gott hat dem Paul geholfen, jetzt soll der auch etwas Gutes tun."*

Stufe 3:Orientierung an der Selbstzbestimmung und Eigenverantwortung des Menschen, die auch gegenüber dem Letztgültigen reklamiert wird. Dieses erhält-sofern nicht in seiner Existenz bestritten(Atheismus)-einen eigenen, vom Zuständigkeitsbereich des Menschen getrennten Sektor: *"Paul muss sich selbst entscheiden. Wenn er das Versprechen nicht hält und es ihm schlecht geht, straft er sich selber. Mit Gott hat das nichts zu tun."*

Stufe 4: Orientierung an der Freiheit des Menschen, die fortan an das Letztgültige zurückgekoppelt wird: dieses ist der transzendentale Grund menschlichen Daseins und scheint in der konkreten Immanenz zeichenhaft auf: Korrelation von Gott und Welt. Zudem wird in den bisherigen Wirrnissen des Lebens ein sinnhafter Plan erkannt,gemäß dem sich der Mensch auf ein Vollkommeneres hin entwickelt: *"Gott will, dass sich Paul nach bestem Wissen und Gewissen selber entscheidet."*

Stufe 5: Orientierung an religiöser Autonomie durch unbedingte Intersubjektivität. Das Letztgültige wird im befreienden zwischenmenschlichen Handeln zum Ereignis. Einnahme einer universalen Perspektive, die andere Religionen und Kulturen einschließt; es bedarf keiner äußeren Organisation oder Sicherheit mehr, um religiös zu existieren.

Die intellektuellen, emotionalen und sozialkognitiven Anforderungen an den heutigen Menschen sind höher als selbst noch vor zehn Jahren. In früheren Zeiten war eine traditionelle Normbiographie das Los der großen Mehrzahl von Menschen: Religion, Beruf, Herat folgten den vorgegebenen Traditionen und den familiären Verhältnissen. Eine Wahlbiographie war gewissen Exzentriker(inne)n und Abenteurern vorbehalten. In der heutigen westlichen Welt ist die Wahlbiographie hingegen das `Privileg´ der großen Mehrheit. Damit stellt sich für viele Personen eine permanente Aufgabe dahingehend, dauernd zu überprüfen, wie die Situation sich ändert und was ihr Platz oder ihre Plätze darin sind;und mit dem Ziel physisch, psychisch, sozial und verhaltensmäßig so zu leben, dass das Leben zufriedenstellend verläuft. Von daher gesehen wird die Mensch-`Gott´-Beziehung dynamisch so gestaltet, dass sie zur Erhöhung des eigenen Selbstwertes und zu einem befriedigenden Gefühlszustand beiträgt.

Mittels Weiterentwicklung und Computerisierung könnte es vielleicht so etwas werden wie die Algorithmen für die Wettervoraussage - oder näher am Menschen - jene für medizinische Diagnosen. Dazu müssten allerdings die Variablen erweitert und verfeinert werden, z.B. ideosynkratischen Erleben nichtkognitiver Gegebenheiten, Gedächtnis (Kurzzeit-, Langzeit-, episodisches, strategisches Gedächtnis) einschließlich der Kodierung des Gespeicherten in Abhängigkeit von der Repräsentationsmodalität (aktional, ikonisch, symbolisch) usw.
Was auch immer die Schwierigkeiten sind - in einigen Jahrzehnten sollen die Entwicklung der Mensch-`Gott´-Beziehung besser verstanden werden -sei es als Privatperson oder professionell - mit ihr in der Seelsorge, in der Psychotherapie, in der Selbstwerdung, und wo immer sonst noch von Bedeutung, besser damit umzugehen, insbesondere wenn die derzeitigen Forschungsbemühungen weitergeführt und noch verstärkt werden.

4.3.4.3. Wie weit ist religiöses Verhalten angeboren?

Ist religiöses Verhalten eine dem Menschen angeborene Eigenschaft, oder ist es - im wesentlichen - erlernt? Saubere Befunde dazu gibt es noch nicht.Die evolutionären Wurzeln religiösen Verhaltens deuten an, dass Religiosität auf angeborenen Eigenschaften der Menschen fußt. - ähnlich wie moralisches Verhalten - das nützliche Sozialverhalten begünstigt. Dabei ist nicht zu erwarten, dass es ein einzelnes Moral-Gen und ein einzelnes Religions-Gen gibt, vielmehr werden diese Anlagen auf der konzertierten Wirkung vieler Gene beruhen. Der spezielle Religionsinhalt(z.B. ob Christentum oder Islam) ist aber höchstwahrscheinlich weitgehend erlernt; er wird durch Tradierung verbreitet. Vermutlich verhält es sich ähnlich wie bei Sprachen: Die Sprachfähigkeit ist den Menschen angeboren, aber welche Sprache erlernt wird, entscheidet das soziale Umfeld.

Religionen sind also Kulturprodukte, die auf genetischen Eigenschaften basieren. Religiöse Verhaltensnormen werden durch Tradierung weitergegeben. Tradierte Kultur gibt es auch bei sozial lebenden Tieren. (Tradierter Verhaltensgewohnheiten u.a. Werkzeuggebrauch, Körperpflege und Werbeverhalten). Solche nicht genetisch überlieferten Variationen im Verhaltens-Repertoire sind auch ein Charakteristikum menschlicher Kulturen.

Woher kommen unsere religiösen Vorstellungen?Die Gottesbilder entsprechen der menschlichen Erfahrungswelt. Götter werden meist in Gestalt von Menschen oder Tieren oder Naturerscheinungen (Sonne, Mond). Die jüdische und einige andere Religionen lehnen hingegen Gottesbilder ab. Die Eigenschaften, die Göttern zugeordnet werden, sind meist menschlich: Güte, vaterliche Liebe, Macht, Zorn, Rachsucht, List. Viele Menschen stellen sich Gott uns ähnlich, menschen-ähnlich, vor, wenn auch übermenschlich mächtig. Unser Gottesbild scheint aus der menschlichen Natur zu kommen.

Erbanlagen, d.h. Angeborenes und Umwelt-Geprägtes, d.h. Erlerntes, formen die menschliche Natur. Durch den MutationsSelektionsProzess sind im Verlauf der Evolution Menschen entstanden, die mit ihren jeweiligen Lebensbedingungen zurecht kamen. Die Natur des Menschen hat sich mit unseren Lebensbedingungen im Laufe der Geschichte verändert. In letzter Zeit haben sich aber diese Lebensbedingungen mit der kulturellen Evolution so schnell verändert, dass die genetische Anpassung nicht Schritt halten konnte. Wir sind anscheinend von Geburt her nicht darauf eingerichtet, mit dem modernen Leben, den großen Menschenmassen und den vielen neuen technischen Möglichkeiten so umzugehen, dass wir nicht zu Schaden kommen. (unzeitgemäß).

4.3.4.4. Brauchen wir Religion?

Anscheinend brauchen wir Religion. Menschliche Kultur ohne Religion scheint es nicht zu geben. Versuche, Religion gewaltsam abzuschaffen, misslangen oder führten zu Ersatz-Religionen, beispielweise dem Stalinismus. Es scheint in der menschlichen Natur zu liegen(menschliche und über-menschliche) Autoritäten zu verehren. Wenn heute aus angeblich pädagogischen Gründen eine neue Religion nötig ist, damit wir die Verhaltensnormen tatsächlich befolgen, um der Menschheit eine erträgliche Zukunft zu ermöglichen, müssen Religionen sich daran messen lassen, wie geeignet sie sind, ein würdiges und friedliches Überleben der Menschheit zu gewährleisten.

Wir besitzen Gehirne, die in der Lage sind, logisch zu denken und rational Folgerungen zu ziehen. So gewonnene Erkenntnisse können unser Verhalten beeinflussen. Wir müssen herausfinden, welche Verhaltensweisen für ein Gedeihen der Menschen günstig sind und die schädlich, damit wir die richtigen Verhaltensregeln befolgen können. Heute besteht eine endliche Wahrscheinlichkeit, dass wir die Erde für Menschen und viele Tiere unbewohnbar machen, z.B. durch schrittweise Zerstörung der lebensnotwendigen Umwelt - Bedingungen oder durch große Katastrophen - etwa Atomexplosion. Zweifellos eine der größten wachsenden Gefahren ist die rasante Zunahme der menschlichen Erdbevölkerung.

Es scheint, dass wir eine geeignete Religion brauchen,um ein menschliches Bedürfnis zu befriedigen. Für solch eine Religion ist es in erster Linie wichtig,welche Verhaltensnormen sie verlangt und wie effektiv sie deren Befolgung bewirkt. Möglicherweise ist der Weg Hans Küng (1995) erfolgversprechender, aus den großen Weltreligionen die Priorität der ihnen gemeinsamen Elemente anzuerkennen, (Jürgen Schnakenberg) Aber vielleicht ist es ebenso utopisch, auf Toleranz zu hoffen, mit der sich die verschiedenen Religionen auf die ihnen gemeinsamen Elemente verständigen, anstatt ihre Unterschiede zu betonen.

Anmerkung:
Christlicher Glaube fordert nicht nur Diesseitsbewältigung sondern hat die Hoffnung auf eine persönliche Vollendung und auf ein ewiges Leben in Gott.

5. Das Logische im Erkenntnisproblem

(Hartmann Nicolai, Grundzüge eine Metaphysik der Erkenntnis, Kap 3,1921)

5.1. Logik des Denkens und Logik des Gegenstandes

Wie die Psychologie sich an die Seite des Subjekts im Erkenntnisphänomen hält, so die Logik an die Seite des Objekts. Wie jene Entstehung der Erkenntnis im Prozess sucht, so diese den Inhalt der Erkenntnis in seiner wesenhaften, vom Prozess ablösbaren Struktur. Diese Auffassung des Inhalts macht den streng "objektiven" Charakter der logischen Einstellung aus.

Genau genommen ist es aber auch mit dem Absehen von Subjekt und Prozess nichts getan. Die Subjektivität ist selbst einer Potenzierung fähig, in welcher sie sich der "Reinheit" der logischen Gebilde nähert. Diese Potenzierung wird überall dort vollzogen, wo die Logik als "Wissenschaft vom Denken" definiert wird.Gemeint ist damit nicht das Denken des empirischen Bewusstseins, sondern das ideale Denken eines Bewusstseins überhaupt, in welchem alle individuelle Bedingtheit, Vermischtheit, Fehlerhaftigkeit, kurz alle "Unreinheit" und Unfreiheit vom gedanklich Strukturellen ausgeschaltet bleibt. Das Urteil gilt dann als "Setzung" des Subjekts überhaupt, der Begriff als ein Zusammen-Begreifen, der Schluss als Methode des Fortschreitens vom Allgemeinen zum Besonderen. In dieser Auffassung sind die logischen Gesetze "Denkgesetze",die logischen Zusammenhänge"Denkzusammenhänge" die logischen Gebilde "Funktionen" des Denkens und die logische Sphäre überhaupt eine Sphäre des "reinen Denkens".

Dass sich hierbei das "Subjekt überhaupt" zum alles tragenden Grundbegriff auswächst, lässt sich schlechterdings nicht vermeiden. Damit aber ist der standpunktlichen Ausdeutung des Logischen ein Weg vorgezeichnet, der unwillkürlich in das Geleise des Idealismus hinüberleitet.Es liegt eben nur zu nah,im Subjekt überhaupt dann auch die transzendentale Bedingung der logischen Inhaltswelt zu erblicken.Und während man dieser nun logische Idealität sichert, sieht man sich genötigt, sie zugleich in bezug auf das transzendentale Subjekt als "transzendentale Idealität" auszudeuten. Diese, als Gegenglied der "empirischen Realität"gedacht,braucht zwar an sich keine Usurpierung zu bedeuten. Aber gerade an der logischen Sphäre versagt diese Gegenüberstellung, denn das Logische ist nicht empirisch und hat keine "empirische Realität". Als einzig Reales bleibt dann das transzendentale Subjekt übrig, und gegen diese Realität hebt sich die Idealität des Logischen bereits als eine mataphysische ab. Und damit ist allerdings eine Usurpierung vollzogen. Denn wenn irgend ein Gebiet unmetaphysisch und an sich standpunktfrei dasteht, so ist es das logische.

Die Lehre vom Urteil hat schon von ihren Anfängen in der Platonisch-Aristotelischen Philosophie her etwas von dieser reinen Abgelöstheit. Der Begriff des Ansichseins (καθ αυτο) dürfte überhaupt in Form des logischen Seins entdeckt worden sein. Indessen blieb der Nebensinn des ontologischen Seins an ihm haften und involvierte in der Aristotelischen Metaphysik,wie in der Scholastik und neueren Philosophie, immer wieder die ganze Last des Erkenntnisproblems.

In Bolzanos Lehre vom "Satz an sich" wurde die Logik dieser Last bewusst enthoben und frei auf sich selbst gestellt. Dass der Sinn des Urteils in einem rein gegenständlichen Verhältnis der Zugehörigkeit von P und S liegt, unabhängig von allem "Urteilen" und aller Subjektivität (wie ideal diese auch verstanden werden mag),unabhängig aber auch von aller realen Wirklichkeitsbeziehung, diese Einsicht ist von größter Bedeutung für die Logik geworden und hat ihr Gebiet als logische Sphäre, d.h. als eine Sphäre logischen idealen Ansichseins, endgültig vom Erkenntnisproblem und von der Spannung zwischen Subjekt und Objekt frei gemacht. Ob man sie nun als "Gegenstandstheorie" oder "Phänomenologie" oder "Lehre vom Sinn" des Urteils ausbaut, das macht in der Sache keinen Unterschied. Wichtig ist als Kerngedanke der Logik nur ihre Selbständigkeit und unverfälschte Eigengesetzlichkeit, das Reich eigentümlich logischer Wesenszüge.

Alle logischen Gebilde sind in diesem Sinne rein gegenständlich und haben ein ideales Sein. Der Begriff ist nicht eine Funktion der Einheit, die der Verstand vollziehen müsste, sondern die Einheit des Gleichartigen selbst. Der Schluss ist nicht Methode des Denkens, sondern ein im idealen Sachverhalt liegendes Abhängigkeitsverhältnis zwischen allgemeinen und besonderen Zugehörigkeiten. Logische Gesetze sind weder Denk- noch Erkenntnisgesetze, sondern lediglich Gesetze dieses idealen Seins und der in ihm selbst enthaltenen Relationen.

Sofern man in diesem Zusammenhange von einer Logik des Denkens sprechen kann, so verhält sich diese zur Logik des idealen Seins ähnlich wie die Psychologie des Erkennens zur eigentlichen Erkenntnistheorie: sie kann zu ihr nichts hinzufügen, so wenig als ihr etwas abhandeln. Das ideale Sein steht indifferent zum Denken. Das Denken aber steht nicht indifferent zum idealen Sein.

5.2. Erweiterung der logischen Sphäre

Mit der These der Selbständigkeit des Logischen geht die Erweiterung seiner Sphäre Hand in Hand. Nicht nur die formalen Bestimmungen der traditionellen Logik haben in ihr Raum, sondern alle nur irgend möglichen Inhaltsstrukturen, einerlei welchem Gebiet sie entstammen. Die Zugehörigkeit des Mathematischen zur erweiterten logischen Sphäre ist nachgerade philosophisches Gemeingut. Dass aber prinzipiell alle Inhalte als solche in die logische Sphäre erhebbar sind durch Heraushebung des rein Strukturellen in ihnen, ist eine Einsicht, deren Konsequenzen noch lange nicht gezogen sind.

Für das Erkenntnisproblem folgt daraus, dass jeder Inhalt wie immer er vorgestellt sein mag, seine logische Struktur hat. Er ist unabhängig nicht nur vom psychischen Erkenntnisprozess, sondern auch von Art und Grad seiner Erkanntheit selbst. Denn das Wesen der Inhaltsstruktur ist nicht ein gnoseologisch aktuales, sondern eben nur ein logisch ideales; es besteht nicht nur, sofern es wirklich erkannt wird, sondern sofern es in der Idee des Erkenntnisinhaltes liegt.Damit stehen wir vor dem unabtrennbar logischen Einschlag im Erkenntnisproblem selbst. Denn alle Erkenntnis hat die Tendenz, den Gegenstand in seiner idealen Struktur rein zu fassen.

Diese Tendenz, die einem jeden aus der Wissenschaft her sehr bekannt ist, zeigt uns die ideale Objektwelt der logischen Sphäre gleichsam als obere Grenze der Erkenntnis, als ihr logisches Postulat. Der Zug zur Exaktheit und die vielberufene Vorbildlichkeit der rationalen Wissenschaften(Mathematik) haben hierin ihren Grund.Und sofern die Erkenntnis diese ihre obere Grenze nicht nur anstreben,sondern auch zum voraus fixieren - gleichsam antizipieren - muss, kann man mit Recht von einer Logik der Erkenntnis sprechen - ähnlich wie man im Hinblick auf den Prozess und seine psychischen Bedingungen von einer "Psychologie des Erkennens" spricht. Nur ist es klar, dass diese Erkenntnislogik viel tiefer in das Wesen des Erkenntnisproblems eingreift, als die Erkenntnispsychologie. Während diese mit ihrer Tendenz auf die Subjektivität als solche ihm wesensfremd bleibt, ist jene ihm von Hause aus wesensverwandt in der Tendenz auf das Objekt, die sie mit ihm teilt. Und nur die Idealität der logischen Objektwelt, ihre Absolutheit und Selbständigkeit scheidet sie von der Aktualität des ewig unvollkommenen Erkenntnisstadiums. Das Logische ist eine durchgehende Struktur aller Erkenntnis. Und nur sofern es in allen Stufen des Erkenntnisinhalts tatsächlich angelegt und enthalten ist, lassen diese sich zur idealen Reinheit logischer Objektivität erheben.

5.3. Das Logische und die aprorischen Prinzipien

Unter den Strukturen des Erkenntnisinhalts, die evident logischen Charakter tragen, finden wir auch die der Abhängigkeit des Konkreten vom Prinzip. Auch diese ist eine rein objektive Korrelation. Das Problem der Prinzipien ist keineswegs ein bloß logisches, ebensowenig als ein bloß gnoseologisches. Seine zu allen Zeiten schwere Belastung mit metaphysichen Fragen lässt darüber keinen Zweifel übrig.
Der Grund hiervon liegt in der Tatsache, dass das Verhältnis zwischen Kategorienproblem und Logik ein noch engeres ist als zwischen Erkenntisproblem und Logik. Erkenntnisgebilde sind als solche nicht logische Gebilde, sondern können erst durch Abstreifung des Alogischen in die logische Sphäre erhoben werden.Kategoriale Gebilde aber haben ihre rein logische Struktur unmittelbar an sich,und wenn sie in derselben auch nicht aufgehen, so gehören sie doch immer schon mit ihrem Charakter der Allgemeinheit, Notwendigkeit, Überzeitlichkeit und Apriorität ohne weiteres der logischen Sphäre an. Das logische Subsumptionsverhältnis, das die Abhängigkeit des Konkreten von ihnen beherrscht, gibt auch ihrem Anwendungsgebiet eine Art Durchdrungenheit vom Logischen, wenn auch der Inhalt der Kategorien alogische Elemente enthält. Hier kann das Logische führend bleiben weit über die Grenzen seiner eigenen Sphäre hinaus. Man könnte in diesem Sinne von einem methodologischen Primat des Logischen im Kategorienproblem sprechen, wenn nicht Grund vorläge anzunehmen, dass hinter diesem Übergreifen eine noch weit tiefere Einheit sich birgt.

Inhaltlich aber hat dieses Übergreifen des Logischen seine bestimmten Grenzen. Weder die Kategorien der Erkenntnis noch die des Seins, weder die des Psychischen noch die des Logischen selbst sind ihrer logischen Strukturmomente wegen schlechthin logische Kategorien. Der weitaus größteTeil der Kategorien zeigt ausgesprochen alogische Strukturmomente, mit denen sie aus der logischen idealen Sphäre in eine ihr heterogene irrationale hinüberragen. Diese Momente bilden das exemplum crucis der Kategorienforschung, trotzdem sie wegen ihrer schwierigen Fassbarkeit bisher zumeist übersehen oder irrtümlicherweise ins Logische umgedeutet worden sind. Der Einschlag des Irrationalen erstreckt sich sogar bis in das eigenste Gebiet der Logik hinein, und die obersten kategorialen Formen und Gesetze der Logik sind durchaus irrationaler Natur.

5.4. Die Stellung der logischen Sphäre

(Hartmann Nicolai, Der Aufbau Der Realen Welt, Kap 19, 1964³)

Was die alte Ontologie sehr wohl sah, das war der Sphärenzusammenhang von Wesenheit und Realfall einerseits, von Wesenheit und logischer Form andererseits. Was sie nicht sah, war nur dieses, dass der dreifache Sphärenzusammenhang nicht durchgehende Identität der Prinzipien sein kann. Die Richtigstellung des Vorurteils bedeutete Einschränkung der Identität.

Für diese Einschränkung aber hat sich jetzt ein sehr bestimmtes Maß gefunden. Es ist dadurch gegeben, dass nur ganz bestimmte, wenige, allerdings sehr fundamentale Gesetze des idealen Seins einerseits das Reich des Gedankens,andererseits das Reich des Realen beherrschen,und zwar beide nicht absolut. In der Sphäre des Gedankens ist die Herrschaft dieser Gesetze durch psychische Aktgesetze begrenzt, in der des Realen aber auch durch deren heterogene Eigengesetzlichleit.Nichtsdestoweniger ist ein Kernstück jener alten Theorie damit als durchaus zu Recht bestehend erwiesen.

Man sieht in diesem Doppelverhältnis deutlisch die Zwischenstellung der idealen Seinssphäre zwischen Realsphäre und logischer Sphäre, zugleich aber auch die Zwischenstellung der logischen Sphäre zwischen idealer Seinssphäre und Erkenntnissphäre. Die logische Sphäre erweist sich damit als durchaus eigenartige Gegebenheitssphäre. Freilich ist sie eine solche der allgemeinsten Art, denn gegeben sind hier nur leere Formen. Aber diese Formen erweisen sich als sehr gewichtig für die Erkenntnis, und zwar auf deren obersten Stufe.

Von der idealen Seinsgesetzlichkeit ließ sich zeigen, dass sie an sich indifferent gegen das Logische und gegen das Reale ist. Ebenso aber lässt sich zeigen,dass auch das Logische seinerseits indifferent ist gegen die Erkenntnis wie gegen das Reale.Es liegt im Wesen des Urteils,entweder wahr oder unwahr sein zu können,d.h. auf das Reale zutreffen zu können oder nicht. Es liegt aber auch in seinem Wesen, entweder wahr oder unwahr sein zu müssen; denn ein drittes ist gar nicht möglich. Dennoch ist der Urteilscharakter selbst in ihm vollkommen indifferent gegen wahr und unwahr. Der logischen Form des Urteils ist es niemals anzusehen,ob es wahr ist oder nicht.Am auffallendsten wird das am Urteilszusammenhang in Form des Schlusses. Es gibt vollkommen richtig schließende Schlüsse aus unwahren Prämissen und mit unwahrer Konklusion. Aus der Richtigkeit des Schlusszusammenhanges folgt eben nicht die Wahrheit der Konklusion.Sie folgt vielmehr nur, wenn außerdem auch die Wahrheit der Prämissen feststehen. Diese Gewähr leistet aber ihr logischer Charakter nicht.Für sie kann nur die Erkenntnis aufkommen.

5.5. Die Rolle des Logischen in der Erkenntnis

(Hartmann Nicolai, Aufbau Der Realen Welt, Kap 19, 1964³)

Und dennoch liegt gerade in dieser Indifferenz des Logischen seine Bedeutung für die Erkenntnis - soweit nämlich diese auf ihrer wissenschaftlichen Stufe bewusst logische Struktur aufnimmt. Denn die Richtigkeit des logischen Zusammenhanges hat den unschätzbaren Vorzug unmittelbarer Evidenz. Sie ist im buchstäblichen Sinne das,was die Wahrheit nicht ist: norma sui et falsi.

Es gibt kein strenges und absolutes Kriterium der Wahrheit, wohl aber eines der Richtigkeit. Dieses Kriterium liegt nicht etwa im Satz des Widerspruchs allein, sondern in der Gesamtheit der logischen Gesetze. Die Intaktheit dieser Gesetze in einem Begriffs- und Urteilszusammenhang hat eben im logisch geklärten Bewusstsein die Form des zwingenden Einleuchtens, ihre Verletzung dagegen hat die Form eines Bewusstseins der Unstimmigkeit(welches dann der Aufdeckung des Fehlers vorangeht).In diesem unmittelbaren,alle gedanklichen Zusammenhänge begleitenden Bewusstsein der Intaktheit oder des Verletztseins logischer Gesetzlichkeit besteht die Evidenz der logischen Folge, die "logische Gewissheit".

Sieht man nun dieses Evidenzphänomen vom Standpunkt der Erkenntnis an,so rückt mit im die logische Sphäre an den nun entscheidenden Punkt,in welchem sich die Wissenschaft von der naiven Erkenntnis abhebt. Alle Erkenntnis hat den Charakter der "Einsicht", und insofern auch des Schauens. Aber zwei Arten des Schauens stehen einander entgegen:eine isolierende Einzelschau,in der nur ein begrenzter Inhalt zur Gegebenheit gebracht wird, und eine Zusammenschau, die eines am anderen misst und prüft. Man kann diese Unterscheidung den der stigmatischen und der konspektiven Schau nennen.Die Transzendenz des eigentlichen Erfassens hängt unmittelbar stets an der ersteren,die logische Durchsichtigkeit und das Begreifen an der letzteren. Stigmamatische Schau nun- sie mag a posteriori(Wahrnehmung oder a priori (Wesenseinsicht) sein - bleibt stets des Kriteriums bedürftig. Konspektive Schau hat ihr Kriterium in sich,ist der Evidenz fähig.Diese Evidenz aber beruht auf der logischen Zusammenhangsgesetzlichkeit.Sie ist also zwar nur Evidenz der Richtigkeit. Aber auch die Richtigkeit gewinnt im Erkenntniszusammenhang eine neue Bedeutung.

Für sie wird durch die logische Evidenz der "Richtigkeit" wenigstens mittelbar die Annäherung an ein Wissen um Wahr und Unwahr möglichDie Bedingung aber, unter der eine so fundamentale Erkenntnisbedeutung der logischen Richtigkeit möglich wird, ist der Seinscharakter in der logischen Gesetzlichkeit. - Das untrügliche Anzeichen des Unwahren,ihre Intaktheit aber wenigstens die Chance, des Wahren habhaft zu werden.

6. Paradigma

(Kuhn Thomas S, The structure of Scientific Revolutions, 1970)

6.1. Was heißt Paradigmenwechsel?

(Küng Hans, Theologie im Aufbruch, 1987)

Einschneidend neue Hypothesen und Theorien entstehen auch in der Naturwisschaft weder einfachhin durch Verifikation [wie vor allem die Wiener Positivisten z.B. Rudolf Carnap 1891-1970 glaubten], noch einfachhin durch Falsifikation (wie der Kritische Rationalist Sir Karl R. Popper (1902-1994) vorschlug). Beides ist zu schablonhaft gedacht. Sie entstehen vielmehr durch eine - höchst komplexe und meist langwierige - Ablösung eines bisher geltenden Erklärungsmodells oder "Paradigmas" durch ein neues. Sie entstehen durch einen -weder völlig rationalen noch völlig irrationalen - jedenfalls mehr revolutionären denn evolutionären "Paradigmenwechsel".

In der Physik nun kann man zwischen einem ptolomäischen, einem kopernikanischen, einem newtonschen, einem einsteinschen Makromodell unterscheiden. Mesomodelle zur Lösung mittlerer Problembereiche (wie die Wellentheorie des Lichtes,die dynamische Theorie der Wärme oder Maxwells elektromagnetische Theorie). Mikromodelle für wissenschaftliche Detaillösungen (wie die Endeckung der Röntgenstrahlen).

Kuhn macht für die Naturwissenschaften folgende Beobachtung:In der Praxis akzeptieren Studierende bestimmte Erklärungsmodelle weniger aufgrund von Beweisen denn aufgrund der Autorität des Lehrbuches, das sie studieren, und des Lehrers,den sie hören. In alter Zeit erfüllten diese Funktion die berühmten Klassiker der Wissenschaft: etwa die "Physik" des Aristoteles oder der "Almagest" des Ptolomäus, in moderner Zeit Newtons (1643-1727) "Prinzipia" und "Optics"Franklins "Electricity", Lavoisiers "Chimie", Lyells "Geology" usw.

Die christliche Theologie beginnt schon im Neuen Testament mit Paulus. Neben den apostolischen Urzeugen bleiben für die Theologie große Lehrer, gleichsam "Klassiker" von höchster Bedeutung: der in Abwehr des Gnostizismus eine erste Gesamtschau des Christentums niedergelegt hatte, dann im dritten Jahrhundert Tertullian im Westen und vor allem die Alexandriner Clemens und Origenes im Osten, die in umfassender Auseinandersetzung Theologie getrieben hatten. Im Westen wurde die vor allem von Augustinus geprägte lateinische Theologie den mittelalterlichen Scholastikern durch das Sentenzenwerk des Petrus Lombardus (+1160) vermittelt. Thomas von Aquin (1274) noch ein höchst umstrittener Theologe. Bis 1924 wurden 90 Kommentare zur ganzen Summa und 218 zu ihrem ersten Teil veröffentlicht.

Was war im 16. Jahrhundert die Ausgangslage für die astronomische Revolution des Kopernikus? Es war die offenkundige Krise der ptolomäischen Astronomie, zu der neben anderen Faktoren vor allem die Tatsache beigetragen hat, dass man mit den immer deutlicher erkannten Unstimmigkeiten, ja Anomalien nicht mehr fertig wurde; ein andauerndes Unvermögen der Normalwissenschaft, die aufgegebenen Rätsel zu lösen, insbesondere eine längerfristige Voraussage der Planetenpositionen.
Und was war im 18.Jahrhundert die Voraussetzung für den grundlegenden Durchbruch Lavoisiers in der Chemie? Es war die Krise der damaligen vorherrschenden Phlogistontheorie,welche erklären wollte,warum Körper brennen: weil sie angeblich mit Phlogiston angereichert seien.
Und was ging in 19. und 20. Jahrhundert Einsteins Relativitätstheorie voraus?Es war die Krise vor allem der vorherrschenden Äther-Theorie, die nicht zu erklären vermochte, warum trotz aller Apparate und Experimente keine Bewegung, Strömung oder Mitnahme von Äther beobachtet werden konnte, und sich die Lichtgeschwindigkeit als gleich groß erwies.
Gewiss ist die Krise nicht "unabdingbare Voraussetzung" für einen Paradigmenwechsel, wie Kuhn ihn in seinem Buch zunächst vertritt, wohl aber, wie er in seinem Postskriptum von 1969 vorsichtiger formuliert,das"gewöhnliche Vorspiel,das einen Mechanismus der Selbstkorrektur bereitstellt, der die Rigidität der "normalen Wissenschaft nicht für alle Zukunft unangefochten lässt.

Ähnlich wie in der Naturwissenschaft so gibt es auch in der Theologie eine "Normalwissenschaft" mit ihren Klassikern, Lehrbücher und Lehrern, die charakterisiert ist - durch ein kumulatives Wachstum der Erkenntnis -durch ein Lösen von verbliebenen Problemen (Rätsel) - und durch Widerstand gegen alles, was Veränderung oder Ablösung des etablierten Verstehensmodells oder Paradigmas zur Folge hätte.
Ähnlich wie in der Naturwissenschaft ist auch in der Theologie meist das Bewusstsein einer wachsenden Krise die Ausgangslage dafür, dass es zu einem einschneidenden Wandel in bestimmten bisher geltenden Grundannahmen u. schließlich zum Durchbruch eines neuen Deutungsmodells oder Paradigmas kommt: Wo die vorhandenen Regeln und Methoden versagen, leiten sie zur Suche nach neuen an.

6.2. Was ist ein Paradigma?

(Stegmüller Wolfgang, Theiorie und Erfahrung Bd II, 1985²)

6.2.1. Bildliche Zusammenfassung

Eine ausgereifte physikalische Theorie, die nicht nur das prätheoretische Stadium, sonder auch das Stadium nichtphysikalischer quantitativer Theorienbildung hinter sich gelassen hat und daher mindestens eine physikalische Anfangstheorie darstellt, bietet ein ganz anderes Bild als das eines `Systems von Sätzen, die durch deduktive und induktive Relationen miteinander verknüpft sind´(Syllogismen). Sie ist ein seltsames Gebilde mit einem starren Zentrum und organisch wachsenden und sich ändernden Gliedern. Das Zentrum besteht aus einer mehr oder weniger komplizierten, relativ stabilen mathematischen Strukturen, die sich in verschiedene Feinstrukturen untergliedern lässt. Klarheit über ihre nichtstabilen Teile gewinnt man erst, wenn man sich nicht mit zeitlich punktuellen Momentphotographien von ihr begnügt, sondern ihren dynamischen Lebensweg verfolgt.

Das Wachstum des organischen Überbaus vollzieht sich in amöbenhafter Weise, dass ihr Gesamtwachstum: das `normalwissenschaftliche Wachstum´, nicht behindert wird. Dies ändert sich erst, wenn sich die empirischen Heimsuchungen zu häufen beginnen. Aber auch da ist die angebliche `falsifzierende Erfahrung´, sondern erst eine neue Theorie mit neuer geistiger Grundverfassung das Sterben der alten Theorie, die in einem Apriori-Konflikt durch den Geist ihres Nachfolgers niedergerungen wird. Doch der Beginn ist nicht ein völlig neuer; Altes wird bewahrt. Das heißt nicht, dass die Wiege der neuen Theorie groß genug sein muss, um die alte aufzunehmen. Über Palingenese und Metempsychose erfährt der Geist der alten eine Reinkarnation im Leibe der neuen, welche diese nicht nur zu vorher noch niemals vollbrachten schöpferischen Leistungen beflügelt, sondern auf sie alle Leistungen der überwundenen Theorie mit überträgt:der Übergang ist nicht`bloßer Wandel´, sondern `echter´,`revolutionärer Fortschritt´.
Da nicht nur der Erfolg des normalwissenschaftlichen Wachstums einer Theorie von der Fähigkeit zur Anpassung an die`objektive Realität´ abhängig ist, sondern die Leistungfähigkeit dieser Realität gegenüber auch über Sieg und Niederlage in Apriori - Gefechten zwischen Theorien entscheidet, ist sowohl der normalwissenschaftliche als auch der revolutionäre Fortschritt kein `bloßer Wandel in den Überzeugungen´, sondern echtes Wachstum des Wissens nach objektiven Maßstäben.

6.2.2. Theoriendynamik und Wissenschaftsdynamik

Dass die Wissenschaft`sich entwickelt´, ist eine nichtssagendeTrivialität. Informativ beginnt eine solche Feststellung erst dann zu werden, wenn sich damit die Erkenntnis verbindet, dass Entwicklung für die empirischen Wissenschaften etwas ganz anderes bedeutet als für die mathematischen Disziplinen.Es ist ein wesentlicher Mangel der bisherigen Philosophie des Empirismus, die Eigenart der Entwicklung empirischer Wissenschaften nicht zum Gegenstand der Analyse gemacht zu haben. Man beschränkt sich auf`Momentaufnahmen´von der Struktur einer empirischen Wissenschaft und meinte, diese müssten alles Wesentliche enthalten. Es ist zwar richtig, dass eine Einsicht in diese Struktur dem Verständnis der Theoriendynamik vorangehen muss.Aber einmal mehr bewährt sich die Aristotelische Weisheit, dass das der Sache nach Frühere das für uns Spätere ist. So bildet es keinen Zufall, dass die Struktur physikalischer Theorien von Kuhn selbst nur intuitiv erfasst worden ist, während er bereits wichtige und zutreffende wissenschaftshistorische Beiträge zur Deutung des dynamischen Prozesses der Wissenschaften lieferte, und dass die Entdeckung und bisher bester Klärung der Strukturen, die diesem Prozess zugrunde liegen, durch Sneed erst nachfolgte. Nichts könnte die Notwendigkeit einer Rückkopplung wissenschaftstheoretischer Analysen auf wissenschaftshistorische Untersuchungen besser demonstrieren, nichts aber auch die außerordentliche Wichtigkeit rationaler Rekonstruktionen als Mittel zur Gewinnung eines echten Verständnisses deutlicher vor Augen führen als dieser historische Vorgang innerhalb der Wissenschaftphilosophie selbst.

Dass der Verzicht auf eine Analyse des dynamischen Aspektes der empirischen Wissenschaften einen wirklichen Mangel darstellt,wird klar erkennbar, wenn man die eingangs aufgeworfene Frage auf der Grundlage der bisherigen Überlegungen beantwortet. Der rational rekonstruierbare dynamische Aspekt der empirischen Wissenschaften hat überhaupt keine Ähnlichkeit mit dem rationalrekonstruierbaren dynamischen Aspekt mathematischer Disziplinen. Solange dies nicht erkannt ist,kann man nicht den Anspruch erheben, die empirischen Wissenschaften als `empirische Wissenschaften´ verstanden zu haben. Zwar könnte man auch für die Mathematik versuchen, eine Analogiekonstruktion zur`normalen´ und zur`revolutionären´ Wissenschaft zu errichten;ebenso könnte man ein prätheoretisches praktisch-kalkulatorisches von einem theoretischen Stadium unterscheiden. Doch die `normale Wissenschaft´bestünde hier z.B. in solchen Dingen wie dem Auffinden einfacher Beweise für bereits bekannte Lehrsätze, in der Herleitung neuer Theoreme in einer bereits errichteten Theorie und Axiomatisierung.

7. Falsifikation

(Popper Karl R, Logik der Forschung, 1935/1971)

7.1. Falsifizierbarkeit

Unter der Voraussetzung, dass es falsifizierbare besondere Sätze (Basissätze) gibt,untersuchen wir hier die Verwendbarkeit unseres Abgrenzungskriteriums für Theoriensysteme.

Logische Untersuchung der Falsifizierbarkeit:

Über die singulären Sätze, die wir Basissätze nennen, und die Frage ihrer Falsifizierbarkeit sprechen wir später ausführlich. Hier setzen wir voraus, dass es falsifizierbare Basissätze gibt, wir bemerken,dass wir unter Basissätzen nicht etwa ein System von anerkannten Sätzen verstehen; vielmehr enthält das System der Basissätze alle überhaupt nichtwiderspruchsvollen besonderen Sätze einer gewissen Form - sozusagen alle überhaupt denkbaren Tatsachenfeststellungen; es enthält daher auch Sätze, die einander widersprechen.

Man könnte zunächst vielleicht versuchen,eineTheorie dann empirisch zu nennen, wenn aus ihr besonder Sätze ableitbar sind; das lässt sich aber nicht durchführen, weil zur Deduktion besonderer Sätze immer besondere Sätze, Randbedingungen substituiert werden müssen. Aber auch der Versuch, jene Theorien empirisch zu nennen, aus denen bei Substitution besondere Sätze andere besondere Sätze ableitbar sind, misslingt, denn aus nichtempirischen, z.B. tautologischen Sätzen können in Verbindung mit besonderen Sätzen immer besondere Sätze abgeleitet werden. (Nach den Regeln der Logik dürfen wir z.B. sagen: Aus der Konjunktion von“Zwei mal zwei ist vier”und“Hier ist ein schwarzer Rabe” folgt u.a. ”Hier ist ein Rabe”.) Aber es genügt nicht einmal die Forderung, dass aus der Theorie in Verbindung mit einer Randbedingung mehr deduzierbar sein soll als aus der Randbedingung allein; denn das würde zwar tautologische Theorien ausschalten, jedoch nicht synthetisch-metaphysische Sätze. (Beispiel: Aus“Jedes Ereignis hat eine Ursache” und “Hier ereignet sich eine Katastrophe” folgt “Diese Katastrophe hat eine Ursache”.)

Wir müssten also etwas verlangen, dass mit Hilfe der Theorie mehr besondere [singuläre] empirische Sätze deduziert werden können,als aus den Randbedingungen allein ableitbar sind,d.h.,wir werden unsere Definiton auf eine bestimmte Klasse von besonderen Sätzen, eben die Basissätze, stützen müssen. Mit Rücksicht darauf,dass es gar nicht durchsichtig ist, in welcher Weise ein komplizierteres theoretisches System bei der Deduktion von Basissätzen mitwirkt, wählen wir die folgende

Definition: Eine Theorie heißt “empirisch” bzw. ”falsifizierbar”, wenn sie die Klasse aller überhaupt möglichen Basissätze eindeutig in zwei nichtleere Teilklassen zerlegt: in die Klasse jener, mit denen sie in Widerspruch steht, die sie “verbietet” - wir nennen sie die Klasse der Falsifikationsmöglichkeiten der Theorie -, und die Klasse jener, mit denen sie nicht in Widerspruch steht, die sie “erlaubt”. kürzer: Eine Theorie ist falsifizierbar,wenn die Klasse ihrer Falsifikationsmöglichkeiten nicht leer ist.

Falsifizierbarkeit und Falsifikation:

Wir müssen zwischen Falsifizierbarkeit und Falsifikation deutlich unterscheiden. Die Falsifizierbarkeit führen wir lediglich als Kriterium des empirischen Charakter von Satzsystemen ein; wann ein System als falsifiziert anzusehen ist, muss durch eigene Regeln bestimmt werden. Wir nennen eineTheorie nur dann falsifiziert,wenn wir Basissätze anerkannt haben,die ihr widersprechen. Diese Bedingung ist notwendig,aber nicht hinreichend, denn nichtreproduzierbare Einzelereignisse sind, wie wir schon mehrfach erwähnt haben, für die Wissenschaft bedeutungslos; widersprechen also der Theorie nur einzelne Basissätze, so werden wir sie deshalb noch nicht als falsifiziert betrachten. Das tun wir vielmehr erst dann, wenn ein die Theorie widerlegender Effekt aufgefunden wird; anders ausgedrückt: wenn eine (diesen Effekt beschreibende) empirische Hypothese von niedriger Allgemeinheitsstufe, die der Theorie widerspricht, aufgestellt wird und sich bewährt. Eine solche Hypothese nennen wir falsifizierende Hypothese. Wenn wir verlangen, dass diese Hypothese empirisch, also falsifizierbar sein muss, so ist damit nur ihre logische Beziehung zu möglichen Basissätzen gemeint, d.h.,diese Forderung bezieht sich auf die logische Form der Hypothese. Die Bemerkung hingegen, dass sich die Hypothese bewährt, bezieht sich auf ihre Prüfung durch anerkannte Basissätze.

Die Basissätze spielen also zwei verschiedene Rollen: Einerseits ist das System aller logisch-möglichen Basissätze sozusagen ein Bezugssystem, mit dessen Hilfe wir die Form empirischer Sätze logisch kennzeichnen können;andererseits sind die anerkannten Basissätze Grundlage für die Bewährung von Hypothesen. Widersprechen anerkannte Basissätze einer Theorie,so sind sie nur dann Grundlage für deren Falsifikation, da sie gleichzeitig eine falsifizierende Hypothese bewähren.

7.2. Falsifizierbarkeit und Widerspruchslosigkeit:

Unter den Forderungen, die an ein theoretisches System (Axiomensystem) gestellt werden müssen,[Das System der Axiome muss, für sich betrachtet, a) *widerspruchsfrei* sein, was mit der Forderung äquivalent ist, da nicht jeder beliebige Satze aus dem Axiomensystem ableitbar sein soll; b) *unabhängig* sein, d.h. keine Aussage enthalten, die aus den übrigen Axiomen ableitbar ist ("Axiom" soll nur ein innerhalb des Systems nichtableitbarer Grundsatz heißen).Was ihr logisches Verhältnis zu den übrigen Sätzen des axiomatisierten Systems betrifft so sollen die Axiome überdies c) zur Deduktion aller Sätze deses Gebietes *hinreichen* und d) *notwendig* sein, d.h. keine überflüssigen Bestandteile enthalten.]nimmt die der Widerspruchslosigkeit eine Sonderstellung ein. Man kann sie als oberste axiomatische Grundforderung bezeichnen, der jedes theoretische System, sei es empirisch oder nichtempirisch, genügen muss.

Um die grundsätzliche Bedeutung dieser Forderung einzusehen, genügt nicht die naheliegende Überlegung, dass ein widerspruchsvolles System abgelehnt werden muss, weil es "falsch" ist; wir arbeiten ja oft mit Sätzen, die eigentlich falsch sind, dabei aber Resultate liefern, die für gewissen Zwecke genügen.(z.B.:Nernstsche"Näherungsgleichung" für Gasgleichgewichte). Aber man sieht die Bedeutung der Widerspruchslosigkeit ein, wenn man bedenkt, dass ein widerspruchsvolles Satzsystem deshalb nichtssagend ist, weil jede beliebige Forderung aus ihm abgeleitet werden kann; kein Satz wird ausgezeichnet, weder als unvereinbar, noch als ableitbar, da *alle* ableitbar sind. Ein widerspruchsfreies System hingegen teilt die Menge aller möglichen Sätze in solche, denen es widerspricht, und in solche, mit denen es vereinbar ist (unter diesen sind auch seine direkten Folgerungen). Deshalb ist die Widerspruchslosigkeit das allgemeinste Kriterium für die Verwendbarkeit eines Satzsystems, gleichgültig, ob empirisch oder nichtempirisch.

Die *empirischen* Sätze müssen neben der Bedingung der Widerspruchslosigkeit noch einer weiteren Bedingung genügen:sie müssen *falsifizierbar* sein. Die beiden Bedingungen sind weitgehend analog: Sätze, die der Bedingung der Widerspruchslosigkeit nicht genügen, zeichnen aus der Menge aller überhaupt möglichen Sätze keine Sätze aus. Sätze, die der Bedingung der Falsifizierbarkeit nicht genügen, zeichnen aus der Menge aller möglichen empirischen (Basis-) Sätze keine Sätze aus.

7.3. Kritische Anmerkung

(Stegmüller Wolfgang, Neue Wege der Wissenschaftsphilosophie, 1980, S 53 f)

Abschließend ein Wort zum Falsifikationismus:
Wie bereits erwähnt, gibt Popper einerseits zu, das Phänomen der normalen Wissenschaft vernachlässigt und sich ganz auf die außerordentliche Forschung konzentriert zu haben; andererseits stehen bekanntlich in seiner Theorie die Begriffe der strengen Prüfung, der Falsifikation und der Bewährung im Vordergrund. Wenn die in diesem Aufsatz gegebenen Explikationsvorschläge im Prinzip angenommen werden, insbesondere also die Esplikation der normalen Wissenschaft durch den Begriff des Verfügens über eine Theorie und die Subsumption der wissenschaftlichen Revolution unter den Begriff der Theorienverdrängung durch eine Ersatztheorie, so sind diese beiden Aspekte der Popperschen Wissenschaftstheorie miteinander unvereinbar. Nur im Rahmen der normalen Wissenschaft kommt es überhaupt zu so etwas wie zur Aufstellung von Hypothesen: nämlich den hypothetisch versuchten Kernerweiterungen, und daher kann es auch nur in der normalen Wissenschaft zu strengen Prüfungen und Bewährungen oder Falsifikationen kommen. Weder die außerordentliche Forschung noch ihr erfolgreicher (Theorienverdrängung mit Reduktion) oder erfolgloser (Theorienverdrängung ohne Reduktion) Abschluss hingegen sind von derartigen, nach Popper für eine kritische Wissenschaft charakteristischen Vorgängen begleitet. Was Kuhn sowie Vertreter ähnlicher Ansichten vermutlich besonders gestört hat und zu Kuhns Polemik gegen Popper führte, ist der nicht geglückte Versuch Poppers,einen Rationalitätsmonismus durch eine Verschmelzung dieser beiden Aspekte der Wissenschaftsdynamik zu begründen. Auf der anderen Seite sollte aber nicht übersehen werden,dass die Bestätigungsprobleme in Bezug auf empirische Hypothesen weiterhin anzuerkennen sind und dass vermutlich Popper recht haben dürfte, wenn er meint, dass ein deduktiver Bestätigungsbegriff (Begriff der Bewährung) im deterministischen Fall ausreicht. Und wenn es zutrifft, ist auch der Bestätigungsbegriff für statistische Hypothesen, obzwar vom Bewährungsbegriff sehr verschieden, so doch nicht probabilistisch, also `nichtinduktiv´.

Schlusswort

Durch die philosophiegeschichtlichen Abhandlungen von N. Hartmann wurde die ganze Weite des Begriffs erfasst. Von der metaphysichen Ebene bis zur formal- logischen reicht das Erkenntnisproblem. Doch das genügt nicht um seine Lösung der Aporien herbeizuführen. Diese Lösungsversuche mussten eigens unternommen werden und fanden ihre praktische Anwendung im Strukturalismus.

Auch die Strukturen des Begriffs im Term oder in der Sprache sind von modernen Theorien neu gefasst worden. Aber erst die Hinführung zum Weltbild und zur Weltanschauung lassen noch ganz andere Auswirkungen zu. Zumal durch die Begriffe der Evolution und der Begrenzungen durch die Paradigmata und die Falsifikationstheorie.

Wenn auch die begriffliche Fassung der formalen Logik dargelegt werden konnte, bleiben metaphysiche Deutungsversuche offen und zeigen die Grenzen menschlicher Erkenntnis an und fordern zugleich auf zu weiterem Suchen und Forschen.

Rudolf Gerber

Grimms Märchen in Gedicht, Band I, 2001, 184 Seiten
Grimms Märchen in Gedicht, Band II, 2001, 178 Seiten
Grimms Märchen in Gedicht, Band III, 2001, ISBN 3-8311-2839-1, 254 Seiten
Geschichte & Gesichte, 2001, ISBN 3-8311-2537-6, 88 Seiten
Philosophisches und Politisches in Gedicht, 2001, ISBN 3-8311-2699-2, 56 Seiten
Mystik, 2001, 84 Seiten
Geistige Strukturen, 2001, ISBN 3-8311-2637-2, 54 Seiten
Wegweisender Jesus, 2001, ISBN 3-8311-2840-5, 52 Seiten
Bibel für jeden (in Reimen zu lesen), 2001, ISBN 3-8311-2857-X, 94 Seiten
Fabeln (in Reimform), 2001, ISBN 3-8311-2838-3, 74 Seiten
Balladen, 2001, ISBN 3-8311-2536-8, 78 Seiten
Kosmos & Vision, 2001, ISBN 3-8311-3481-2, 50 Seiten
Apokalyptische Steine, 2002, ISBN 3-8311-3314-X, 64 Seiten
Apokalyptische Steine nach Plinius und heute, 2002, ISBN 3-8311-3503-7, 56 S.
Heinrich Heine in Gedicht, 2002, ISBN 3-8311-3694-7, 50 Seiten
Buntes Allerlei (Gedichte), 2002, ISBN 3-8311-3895-8, 58 Seiten
Biologische und Geistige Evolution, 2002, ISBN , 90 Seiten

Vergriffene Schriften: Bd.1. Sebastian Cerdo: St. Wendel z.Zt.des 30-jährigen Krieges, 1989², 86 S.
Bd.2. Die Einwohner von St. Wendel vor dem 30-jährigen Krieg, 1990, 177 Seiten.
Bd.3. Listen, Register, Verzeichnisse vor 1700, 1990, 184 Seiten.
Bd.4. Die Einwohner von St. Wendel z.Zt.des 30-jährigen Krieges (St.A.), 1990, 177 Seiten.
Bd.5. Die Einwohner von St. Wendel von 1648 - 1700 (St.A.), 1990, 188 Seiten.
Bd.6. Ergänzungen: Einwohner von St. Wendel nach den Pfarrbüchern (PfB), 1990, 188 Seiten.
Bd.7. Die Einwohner von St. Wendel vom Ursprung bis 1500. 1990, 158 Seiten.
Bd 8. Die Einwohner von St. Wendel im 16. Jahrhundert, 1990, 158 Seiten.
Bd.9. Die Einwohner von St. Wendel ab 1700 bis 1750 (St.A.), 1991, 184 Seiten.
Bd 10. Die Einwohner von St. Wendel ab 1750 bis 1770 (St.A.), 1991, 223 Seiten.
Bd.11. Die Einwohner von St. Wendel ab 1770 bis 1780 (St.A.), 1991, 139 Seiten.
Bd.12. "Ahnen" der Familie Gerber, 1991, 80 Seiten.
Bd.13. Die Einwohner von St. Wendel ab 1780 bis 1790 (St.A.), 1991, 118 Seiten.
Bd.14. Listen des Amtes St. Wendel von 1600 bis 1800 (St.A.), 1991, 135 Seiten.
Bd.15. Listen, Register, Verzeichnisse von 1700 bis 1800 (St.A.)1991, 140 Seiten.
Bd.16. Urkunden von St. Wendel aus dem 16. bis 18. Jahrh., (LHAKoblenz), 1991, 86 Seiten.
Bd.17. Stadt- und Pfarrgeschichte St. Wendel bis Mitte des 16. Jahrh., 1991, 50 Seiten.
Bd.18. St. Wendel am Vorabend des 30-jährigen Krieges u. ähnl. Städte, 1992, 140 Seiten.
Bd.19. St. Wendel am Vorabend des 30-jährigen Krieges u. Saarl. Städte, 1992, 188 Seiten.
Bd.20. Die wirtschaftliche Lage und die soziale Not von St. Wendel um 1600. 1992, 170 Seiten.
Bd.21. "Alte Lagerbücher" von St. Wendel I. Band, 1992, 185 Seiten.
Bd.22. "Neues Lagerbuch" von St. Wendel Teil I.(A), 1992, 187 Seiten.
Bd.23. "Neues Lagerbuch" von St. Wendel Teil II.(B), 1992, 220 Seiten.
Bd.24. "Specialcharte" über den Bann von St. Wendel, 1992, 100 Seiten.
Bd.25. Alte Urkunden von St. Wendel ab 630 bis 1461, 1993, 161 Seiten.
Bd.26. Kriegsschicksal der Familie Johannes Gerber, Hostenbach, 1993, ~100 Seiten.
Bd.27. Urkundensammlung (US) PfA St. Wendel von 1304 - 1417, 1993, 80 Seiten.
Bd.28. Urkundensammlung (US) PfA St. Wendel von 1418 - 1477, 1993, 80 Seiten.
Bd.29. Urkundensammlung (US) PfA St. Wendel von 1477 - 1506, 1993, 80 Seiten.
Bd.30. Urkundensammlung (US) PfA St. Wendel von 1506 - 1960, 1993, 120 Seiten.
Bd.31. Regesten der (US) PfA St. Wendel von 1304 - 1960, 1995, 61 Seiten.
Bd.32. Einwohnerbuch St. Wendel I. Vor 1500 bis 1800, 1994², 400 Seiten.
Bd.32. Einwohnerbuch St. Wendel II, III, IV, 1800-1880, 1995/1996, 290; 62; 135 Seiten.
Bd.33. Weltbild und Bild des Menschen nach Gn 1-3, und Meditation, 1998, 72 Seiten.
Bd.34. Meditationen, 1998, 140 Seiten. Bd.38. Griechische Mythen, 2002, 61 Seiten.
Bd.35. Apostelberichte in Gedichte, 1999, 92 Seiten.
Bd.36. Bibelbriefe in Gedichte, 1999, 67 Seiten. Bd.37. Reisegedichte, 1999/2001.

Herstellung: Books on Demand GmbH
ISBN 3-8311-4414-1